本书为四川省社会科学规划项目"法治四川专项课题"资助，课题名称：重大突发公共卫生事件下对外医疗援助法律规制研究，编号：SC21FZ020

本书为四川省哲学社会科学重点研究基地——四川医事卫生法治研究中心资助，课题名称：人类卫生健康共同体下港口公共卫生治理法治化路径研究，编号：YF21-Z05

本书为泸州市社会科学联合会、社会公共安全理论与实践研究中心资助，课题名称：新时代泸州港公共安全治理体系的法治保障研究，编号：SHAQZD2020001

国际海运承运人
之履行辅助人法律问题研究

刘楠 ◎ 著

中国社会科学出版社

图书在版编目（CIP）数据

国际海运承运人之履行辅助人法律问题研究 / 刘楠著 . —北京：中国社会科学出版社，2022.5
ISBN 978 – 7 – 5227 – 0035 – 9

Ⅰ.①国… Ⅱ.①刘… Ⅲ.①国际海运—承运人责任—海商法—研究 Ⅳ.①D996.19

中国版本图书馆 CIP 数据核字（2022）第 057198 号

出 版 人	赵剑英
责任编辑	张　林
特约编辑	芮　信
责任校对	夏慧萍
责任印制	戴　宽

出　　版	中国社会科学出版社
社　　址	北京鼓楼西大街甲 158 号
邮　　编	100720
网　　址	http://www.csspw.cn
发 行 部	010 – 84083685
门 市 部	010 – 84029450
经　　销	新华书店及其他书店

印　　刷	北京明恒达印务有限公司
装　　订	廊坊市广阳区广增装订厂
版　　次	2022 年 5 月第 1 版
印　　次	2022 年 5 月第 1 次印刷

开　　本	710×1000　1/16
印　　张	13.25
插　　页	2
字　　数	201 千字
定　　价	76.00 元

凡购买中国社会科学出版社图书，如有质量问题请与本社营销中心联系调换
电话：010 – 84083683
版权所有　侵权必究

前　言

国际海运承运人之履行辅助人是指在承运人的责任期间内，依承运人的意思而参与国际海上货物运输①，履行或者承诺履行承运人在运输合同项下有关货物的接收、装载、操作、积载、运输、保管、照料、卸载和交付义务的人，它是大陆法系民法中的债务人之履行辅助人在国际海上货物运输中的具体形态。

通过在国际海上货物运输领域引入履行辅助人的概念及其理论和制度，为海上货物运输法将合同以外实际辅助承运人完成货物运输义务的第三人纳入调整范围提供合理的解释和依据，也为该第三人突破运输合同的相对性，法定适用承运人在运输合同项下的责任制度提供理论基础。在此基础上，通过对国际海运承运人之履行辅助人的概念和范围的界定以及类型化分析，探讨国际海运承运人之履行辅助人的法律地位、权利、义务和赔偿责任，提炼出不同类型履行辅助人的共性及个性化问题，为构建我国国际海运承运人之履行辅助人制度提供参考和建议。

为梳理并解决国际海运承运人之履行辅助人在海运实践中发生的法律问题，除引言和结论部分，本书主体由六章构成。

第一章明确大陆法系民法中履行辅助人的内涵和特征，对"为履行辅助人负责"而产生的责任问题和"免责条款对履行辅助人的效力"问题这两项履行辅助人制度的基本理论进行分析，指出这些制度

---

① 本书除第五章专章介绍国际海上旅客运输领域的一类特殊履行辅助人——国际邮轮以外，其他几章均是在国际海上货物运输领域对履行辅助人的相关法律问题进行探讨和分析。

的理论依据及履行辅助人制度对我国立法的价值和意义。

第二章在介绍和分析国际海运承运人之履行辅助人产生的实务背景和法律背景以后,对其加以界定和类型化分析,并与国际海运公约或者国内法下某些类似概念进行综合比较,指出我国法律环境下国际海运承运人之履行辅助人在界定方面所存在的争议和问题。

第三章分别从国际海运承运人之履行辅助人与承运人及货方不同法律关系的角度,对国际海运承运人之履行辅助人的双重法律地位进行分析。在与承运人的法律关系下,履行辅助人的法律地位充分体现了"为履行辅助人负责"的理论和制度;在与货方的法律关系下,"免责条款对履行辅助人的效力"的理论基础——"领域规范"理论可以作为履行辅助人对运输合同相对性突破的最佳解释和依据。

第四章对国际海运承运人之履行辅助人在海上货物运输法下应然的权利、义务和赔偿责任进行分析,提炼出不同类型履行辅助人共同和特殊的责任制度,并对特殊类型履行辅助人的权利、义务和赔偿责任进行探讨。

第五章探讨国际海上旅客运输领域一类特殊类型的履行辅助人——被称为"海上五星级酒店"的国际邮轮的法律地位,在司法实务中发生邮轮旅客人身损害纠纷时邮轮公司等主体的法律责任,以及在新冠肺炎疫情等突发公共卫生事件下,涉疫邮轮上旅客权益保障措施、邮轮本身防疫制度系统的建设和完善建议。

第六章从构建我国国际海运承运人之履行辅助人制度的选择方式出发,比较借鉴相关模式的利与弊,最后提出构建国际海运承运人之履行辅助人制度的价值和具体措施。

目 录

引 言 …………………………………………………………… (1)

第一章 履行辅助人法律问题概述 ……………………… (4)
　第一节　履行辅助人制度 ………………………………… (4)
　　一　履行辅助人的界定 ………………………………… (4)
　　二　履行辅助人法律问题界定 ………………………… (13)
　第二节　"为履行辅助人负责"的责任问题 ……………… (15)
　　一　问题缘起——他人过错导致的合同责任 ………… (15)
　　二　"为履行辅助人负责"的理论基础 ………………… (17)
　　三　"为履行辅助人负责"与"雇主责任"比较 ……… (21)
　第三节　免责条款对履行辅助人的效力问题 …………… (25)
　　一　问题缘起——"劳动者解放请求权"产生所导致的
　　　　矛盾 ………………………………………………… (26)
　　二　免责条款对履行辅助人效力的理论基础 ………… (29)
　第四节　履行辅助人相关法律问题在我国立法的体现 … (32)
　　一　我国有关履行辅助人的立法现状 ………………… (33)
　　二　履行辅助人制度对我国立法的意义 ……………… (37)

第二章　国际海运承运人之履行辅助人的界定及类型化分析 … (40)
　第一节　国际海运承运人之履行辅助人在海运立法中的
　　　　　实然考察 ………………………………………… (41)
　　一　国际公约中的"喜马拉雅条款"及相关主体 ……… (42)

二　英美法系和大陆法系国家或地区的立法模式 …………（45）
　　三　我国《海商法》及港口法律的规定 ……………………（50）
　第二节　国际海运承运人之履行辅助人的界定 ………………（52）
　　一　国际海运承运人之履行辅助人的概念和特征 …………（53）
　　二　国际海运承运人之履行辅助人与相关概念的比较 ……（59）
　第三节　国际海运承运人之履行辅助人的类型化分析 ………（69）
　　一　以是否接受承运人的指挥和监督为标准的区分 ………（69）
　　二　以作业地域为标准的区分 ………………………………（73）
　　三　对国际海运承运人之履行辅助人类型化区分的意义 …（74）

第三章　国际海运承运人之履行辅助人的法律地位 ……………（77）
　第一节　国际海运承运人之履行辅助人双重法律地位的
　　　　　界定 ……………………………………………………（77）
　第二节　国际海运承运人之履行辅助人与承运人的关系 ……（79）
　　一　关系类型 …………………………………………………（79）
　　二　"为履行辅助人负责"制度在该领域的具体运用 ……（81）
　第三节　国际海运承运人之履行辅助人与货方的关系 ………（86）
　　一　事实上的侵权关系 ………………………………………（86）
　　二　合同相对性原则的突破在该领域的体现 ………………（87）
　　三　合同相对性原则突破的理论基础 ………………………（94）
　第四节　我国立法下国际海运承运人之履行辅助人
　　　　　法律地位的争议性问题 ………………………………（99）
　　一　实际承运人与承运人法律地位的关系问题 ……………（99）
　　二　港口经营人的法律地位问题 …………………………（101）

第四章　国际海运承运人之履行辅助人的权利、义务和
　　　　赔偿责任 ………………………………………………（109）
　第一节　国际海运承运人之履行辅助人的权利和义务 ……（110）
　　一　国际海运承运人之履行辅助人的共同权利和义务 …（110）
　　二　不同类型国际海运承运人之履行辅助人的权利和

义务 …………………………………………………………（116）
　第二节　国际海运承运人之履行辅助人的赔偿责任 …………（123）
　　一　国际海运承运人之履行辅助人的责任性质和
　　　　责任期间 …………………………………………………（124）
　　二　国际海运承运人之履行辅助人的归责原则和
　　　　举证责任 …………………………………………………（126）
　　三　不同类型国际海运承运人之履行辅助人的赔偿
　　　　责任形式 …………………………………………………（131）

第五章　国际邮轮——国际海上旅客运输领域一类特殊类型的
　　　　履行辅助人 ………………………………………………（142）
　第一节　认识邮轮 ………………………………………………（142）
　第二节　邮轮公司在邮轮旅客人身损害纠纷中的法律地位 …（147）
　　一　邮轮公司在与邮轮旅客存在直接合同关系下的
　　　　法律地位 …………………………………………………（147）
　　二　邮轮公司在组团社组织邮轮旅游情况下的法律地位 …（147）
　第三节　邮轮公司在邮轮旅客人身损害纠纷中的法律责任 …（149）
　　一　案例介绍 …………………………………………………（149）
　　二　邮轮公司法律责任的比较分析 …………………………（150）
　　三　保障邮轮旅客人身权益的法律思考 ……………………（159）
　第四节　突发公共卫生事件下邮轮公司的法律对策和
　　　　　完善建议 …………………………………………………（161）
　　一　我国邮轮母港及停靠港的建设方面 ……………………（162）
　　二　邮轮本身防疫制度系统的建设和完善方面 ……………（164）
　　三　涉疫邮轮上旅客权益保障方面 …………………………（165）

第六章　构建我国国际海运承运人之履行辅助人制度的建议 …（167）
　第一节　引入国际海运承运人之履行辅助人制度的选择 ……（167）
　　一　兼顾不同主体的利益 ……………………………………（167）
　　二　维护理论价值与实践价值的平衡 ………………………（169）

三　完善海上货物运输法律体系的主体责任制度…………（170）
第二节　构建我国国际海运承运人之履行辅助人制度的
　　　　具体措施……………………………………………（172）
　　一　关于国际海运承运人之履行辅助人的概念和类型……（172）
　　二　关于实际承运人和港口经营人等主体………………（173）
　　三　关于"为履行辅助人负责"制度的确立………………（176）
　　四　关于国际海运承运人之履行辅助人的权利和义务……（177）
　　五　关于国际海运承运人之履行辅助人的赔偿责任………（177）

结　论………………………………………………………（183）

参考文献……………………………………………………（189）

附录　《海商法》修改建议………………………………（200）

引　言

随着经济的迅速发展，社会分工日益细化，使用他人的劳动或服务完成自己的合同交易，已成为债务履行过程中常见的社会现象。在这一过程中，继受罗马法而形成的"为履行辅助人负责"的理论就成为大陆法系国家在确定他人过错与合同责任方面的一项重要原则。具体到国际海上货物运输合同履行的实务与实践中，受多式联运的发展及集装箱运输革命的影响，承运人与实际履行货物运输任务者相分离的现象越来越普遍。在整个国际海上货物运输的格局中，不仅存在承运人和托运人之间的运输合同关系，承运人与实际从事货物运输的履行辅助人之间也存在雇佣关系、委托关系、运输合同关系、租船合同关系等其他合同关系或者事实上的使用关系。对承运人而言，如果因履行辅助人的行为造成债务不履行或履行不当的后果时，承运人是否应当向货物索赔方承担责任？该责任的性质和归责原则是什么？承担责任的条件和理论基础又是什么？对履行辅助人本人而言，如果其债务不履行或履行不当的行为，同时构成对托运人、收货人等货方的侵权行为，由此产生的侵权责任能否纳入运输法律的调整范围？可以纳入运输法律调整的条件和理论基础是什么？与承运人在海上货物运输合同或法律中的责任规定有无差异？承运人责任和履行辅助人责任又有何联系？不同类型的履行辅助人在海上货物运输合同中的法律地位如何？具体的权利、义务和赔偿责任应该如何规定，是否相同？这些与履行辅助人本身相关的法律问题在实践中大量存在，但是，与承运人的责任制度相比，无论在立法中还是在理论上均没有得到系统、深人的分析和研究。

诚然，从国际海运公约和各国海上货物运输法的发展演变可以看出，立法者开始越来越多地关注国际海运承运人之履行辅助人的法律地位和责任问题，以应对海上货物运输实践的发展诉求。立法中关于履行辅助人运输责任的内容也从一开始的简单、零散的规定，逐步发展、完善起来。但是，这些立法都是基于实用主义的角度，并未从根本上解决这种法定责任的理论依据、责任性质及其与承运人责任的关系等问题，尚需从理论上加以澄清。在这种立法的滞后和不完善的背景下，国际海运承运人之履行辅助人的相关法律问题应运而生。

随着现代航运界的分工益加精细化，今日之海上货物运输已非承运人可独立完成，介入、参与海上货物运输合同履行的国际海运承运人之履行辅助人范围愈加扩大，由履行辅助人的行为引起货损、迟延而导致的海运纠纷也愈加普遍。在层层合同法律关系之下，实际履行货物运输任务的履行辅助人若因其过错导致掌管的货物发生灭失、损害或迟延交付，构成对收货人或其他货方的侵权行为时，承运人对货方的合同之债与履行辅助人对货方的侵权之债将同时存在于海上货物运输的领域范畴。实际上，侵权和合同在英美法系有日益趋同甚至合为一体的趋势。① 因为，当事人在运用侵权或合同作为救济手段的工具时，其救济结果不应产生太大的差别。② 然而，几个世纪以来，承运人或通过提单上的记载，或根据国内法和国际公约享受各种疏忽行为的免责和责任限制权利，迫使权利受损的货方不得不绕过承运人，直接对承运人之履行辅助人提起举证责任较重的侵权诉讼以获得充分赔偿。由于受制于合同相对性原则，这些履行辅助人无法享有海上货物运输合同或者提单等运输单证赋予承运人的责任限制和抗辩权利。这一尴尬处境不仅使履行辅助人赔偿责任加重，同时也促使其向承运人索要更高的报酬或者要求承运人补偿其损失而转嫁风险，这也导致

---

① 王少禹：《侵权与合同竞合问题之展开——以英美法为视角》，北京大学出版社2010年版，第196页。

② 周江洪：《〈合同法〉第121条的理解与适用》，《清华法学》2012年第5期，第166页。

履行辅助人承担的赔偿责任最后往往是由承运人"买单",从而使承运人依据运输法律①原本享有的责任利益"落空",进而提高运输成本将风险再转嫁给货方。

为了保护承运人的责任利益不落空,同时也是对实际履行运输义务、承受特殊风险的履行辅助人的本人利益及货方利益的整体保护,在错综复杂的海上货物运输的法律关系中,承运人以外参与整个海上货物运输过程的相关人员,亟须以一个类似于"承运人"的法律概念加以定义,进而将其纳入海上货物运输法的调整范围,这也是在民事法律体系中合理解释以抹平合同之债与侵权之债之间鸿沟的必然要求。笔者将国际海上货物运输中应承运人的请求或在其监督或控制下履行海上货物运输合同义务的主体进行理论上的抽象,在归纳出它们共性的基础上提出"国际海运承运人之履行辅助人"的概念,分析将国际海运承运人之履行辅助人纳入海上货物运输强制法体系的合理性与可能性,通过现行各种立法例的分析比较,对照承运人责任制度,探讨在我国《海商法》下构建国际海运承运人之履行辅助人制度的具体方式及理论基础,并为完善我国相关立法提出建议。

---

① 如无特殊说明,此处及下文中所有的运输法律泛指调整海上货物运输的国际公约、国内法等相关的法律或法规。

第一章

履行辅助人法律问题概述

现代社会分工细化，借助和利用他人完成民商事交易的现象十分普遍，债务人为合同之债的履行而使用"履行辅助人"则为其中典型例证。在完成国际贸易份额 80% 以上的海上货物运输领域，承运人作为国际海上货物运输合同的主债务人，使用"履行辅助人"以完成环节庞杂且任务繁重的运输义务更是常态。根据大陆法系的民法学说，在合同责任下，[①] 债务人要为自己一方履行辅助人的过错向债权人负责，学理上简称为"为履行辅助人负责"或者"债务履行辅助人责任"。而债务人的履行辅助人在履行合同义务的过程中由于自身行为给债权人造成损害继而遭受被害人的侵权之诉时，履行辅助人能否援用合同中的免责条款（包括责任限制条款）则涉及"免责条款对履行辅助人的效力"问题。这两项理论和原则分别从债务人和履行辅助人的角度探讨履行辅助人制度，为解决本书论述的国际海上货物运输领域承运人之履行辅助人的相关法律问题提供理论依据和基础，而对民法中履行辅助人进行准确的界定则是解决如上问题的前提和关键。

第一节 履行辅助人制度

一 履行辅助人的界定

在现今的经济活动中，除一些专属性债务法律规定需由债务人本

[①] 在大陆法系，合同责任通常被称为违约责任，是指合同当事人不履行合同义务时所依法承担的法律责任。但在广义上理解合同责任，还应包括缔约过失责任等其他责任。

人履行外，多数债务的履行是由债务人之"履行辅助人"完成的。学理上的债务人之"履行辅助人"也称"债务履行辅助人"（以下简称"履行辅助人"），是指辅助债务人履行合同债务的第三人，包括因法定或债务人的意思，辅助债务人履行债务的"代理人"和"使用人"两类。① 其中"使用人"是根据债务人的意思介入合同之债，辅助债务人履行债务的人。因此，只要其与债务人存在事实上的使用关系，无论该关系是合同关系还是一般的事实关系，也无论这种关系采用口头形式或者书面形式表达，均属债务人的"使用人"，如债务人的受雇人、独立合同人。当债务人的家属、客人甚至债权人派来催债的人受债务人的委托将给付物带给债权人时，亦属债务人付偿之债的使用人。② "代理人"可分为法定代理人和意定代理人，前者是根据法律规定，为维护债务人即被代理人的利益而参与民商事交易、代为履行债务而成为履行辅助人，主要包括无民事行为能力人和限制行为能力人的监护人，从宽解释还应包括夫妻间关于日常事务之代理、遗嘱执行人及破产管理人等。③ 而后者亦是依据债务人意思辅助其履行合同债务，因此学界和一些国家的立法将"意定代理人"划入"使用人"范畴，认为履行辅助人仅包括"法定代理人"和"使用人"两类④，笔者赞同此观点。

针对构成履行辅助人的特征和条件，主要表现为以下几点：

（一）履行辅助人可以依据法律的规定或者债务人的意思而产生

如前文所述，履行辅助人大体可分为法定代理人和使用人。前者是依法律规定而产生，后者是依债务人的意思而产生，非依债务人的意思而擅自介入债之履行不能构成履行辅助人，或以无因管理处理或以侵权论。在商事活动中，后一种履行辅助人——使用人居多数。

在学界，有关使用人的选任和监督是否以受债务人干涉为必要存

---

① 韩世远：《合同法总论》（第三版），法律出版社 2011 年版，第 534 页。
② 郑玉波：《民法债编总论》（修订二版），中国政法大学出版社 2006 年版，第 273 页；王泽鉴：《民法学说与判例研究》（第六册），北京大学出版社 2009 年版，第 77 页。
③ 王泽鉴：《民法学说与判例研究》（第六册），北京大学出版社 2009 年版，第 88 页。
④ 如《德国民法典》第 278 条的规定，我国台湾学者王泽鉴等均持此种观点。

有争议，主要表现在"干涉可能性必要说"和"干涉可能性不要说"两种学说的纷争。"干涉可能性必要说"为日本和我国台湾学界的传统见解，是指债务人及其履行辅助人之间虽然不必然存在支配和从属关系，因为即使是独立的企业也有可能被解释为债务人之履行辅助人，①但是，债务人对履行辅助人的选任和监督应有干涉可能性却是某一主体能否成为债务人之履行辅助人的必要条件。"干涉可能性不要说"则否定这一必要条件，认为即使债务人对履行辅助人的选任和监督不具有干涉可能性也不妨碍某一主体成为债务人之履行辅助人，该学说为德、法、英、美诸国所倡导。这两种学说的分歧直接影响履行辅助人外延的大小，而根据"为履行辅助人负责"这一大陆法系传统的民法学说，履行辅助人的外延将决定债务人向债权人负责的范围，亦直接影响债权人的索赔结果。例如，倡导"干涉可能性必要说"的我妻荣先生和松坂佐一先生就认为，债务人对于邮电、铁路之类垄断型企业的经营与服务既无法干涉也没有选择的自由，应排除在履行辅助人之外。②据此，如果铁路作为运输者协助卖方企业向债权人履行货物交付义务时造成货物损害，债务人无须为不具有履行辅助人身份的铁路的致害行为向债权人担责。但是，按照"干涉可能性不要说"，不以受债务人的选任干涉为必要的铁路则可以作为卖方企业的履行辅助人，此时债务人将根据"为履行辅助人负责"的原则为铁路的致害行为向债权人承担违约责任。

早期受经济条件的影响，债务人使用履行辅助人的场合有限，以选任和监督责任为前提的"干涉可能性必要说"对于控制风险和保证交易安全具有一定的积极作用。但是，现代社会中"干涉可能性不要说"的学说在学界更占优势，其理论基础主要表现在以下几点：首先，随着社会分工的高度细化，债务人利用履行辅助人扩展业务范围

---

① ［日］山崎賢一：《履行補助人の過失と債務者の責任について》，［日］加藤一郎、米倉明：《民法を争うⅡ》，有斐閣1985年版，第20页。

② ［日］我妻荣：《新订民法总则》，于敏译，中国法制出版社2008年版，第145页；［日］松坂佐一：《履行補助者の研究：履行補助者の過失に因る債務者の責任》，岩波書店1939年版，第33页。

的现象已非常普遍，并且债务人干涉、控制履行辅助人的可能性也逐渐降低。此时，债务人利用辅助人扩张自己的活动领域并获得更多的利益，因此，取消干涉可能性，致使债务人因履行辅助人范围的扩大而增加的风险属于债务人理应承担的责任；其次，债权人对于债务人与履行辅助人的内部关系以及由此产生的风险一般无法充分了解和预防，反之，债务人可以对这种风险和损失的可能性进行预测，并通过保险、价格转嫁等方式予以降低甚至消除。因此，即使将债务人在选任、监督方面不具有干涉可能性的主体纳入履行辅助人的范畴，也不会给债务人带来无法承受的经济损失；最后，以选任、监督责任为前提的"干涉可能性必要说"，其思考方法与债务人客观责任的理论架构并不十分协调。① 尽管"干涉可能性不要说"的学说得到很多学者的赞同，但是仍然存在很多争议，并且很多判例也并不支持这一观点。②

笔者赞同"干涉可能性不要说"这一学说。原因在于，在现代社会的条件下，要求债务人干涉、控制履行辅助人的可能性逐渐降低，基于"债务人的意思"而产生的履行辅助人——使用人既可以是在债务人的监督、控制下产生，也可以不受债务人在选任方面的干涉而仅基于债务人的请求下产生，例如债务人虽然对垄断性的港口经营人、邮电、铁路等主体不具有任何选择的可能性，但这并不妨碍该类主体成为债务人的履行辅助人。笔者对于下文述及的基于承运人的意思而介入海上货物运输合同履行的国际海运承运人之履行辅助人，亦没有强调承运人对其选任和监督方面的干涉可能性。

(二) 履行辅助人是债务关系当事人之外的第三人

从履行辅助人的含义中可以看出，无论法定代理人还是使用人，

---

① [日] 落合诚一：《因补助人行为的运输人责任》，日本《法学协会杂志》94卷12号—95卷3号；韩世远：《他人过错与合同责任》，《法商研究》1999年第1期，第37页。

② 中国台湾学者王泽鉴先生对"干涉可能性不要说"予以支持，参见《民法学说与判例研究》（第六册），北京大学出版社2009年版，第78页。否定该学说的判例参见 [德] 罗伯特·霍恩、海因·科茨、汉斯·G.莱塞：《德国民商法导论》，楚建译，中国大百科全书出版社1996年版，第124页。

均为辅助债务人履行合同债务的第三人,不能以该合同债务关系当事人的身份而存在。履行辅助人的这一身份特征使其区别于法定代表人和连环供应合同中的一方债务人。其中,法定代表人作为法人的一部分,代表法人行使职权时发生的行为即为法人的行为,而非第三人的行为,因此法定代表人不是法人的履行辅助人。而连环供应合同是指前后两个合同的一方当事人不同,而另一方当事人和给付标的物相同的合同。例如,甲向乙订购一批水泥,而后乙向丙定购该批水泥卖给甲,此时甲乙之间与乙丙之间订购水泥的合同即为连环供应合同。其中,丙并非是甲乙买卖合同之债的履行辅助人,仅仅是乙丙买卖合同的当事人。

据此,有观点认为,基于债务人的意思而产生的履行辅助人——使用人必须是以债务人的名义,出于帮助债务人而非履行自己债务的目的履行债务或从事其他性质行为的履行辅助人。① 笔者认为,该观点过于片面,因为在大多数情况下,履行辅助人履行债务人合同之债的行为同时也是履行自己合同义务的行为,② 这与履行辅助人是债务关系当事人之外第三人的特征并不矛盾,不能成为影响履行辅助人成立的原因。例如,上文提及的连环供应合同中,如果乙在向丙购买水泥的同时亦委托丙将水泥交付于甲,则丙不仅是乙丙买卖合同的当事人,亦是完成甲乙买卖合同之债交付义务的履行辅助人。再如,在英美法系的隐名代理制度中,代理人虽然以自己而非被代理人的名义与相对人缔结法律关系,但向相对人明示有被代理人的存在,且为被代理人的利益而订约。③ 英国法认为,在这种隐名代理的情形下,代理人与相对人所订合同仍是被代理人与第三人之间的合同,应由被代理人而非代理人对合同负责。④ 可见,这里的隐名代理人仍为被代理人

---

① 侯雪:《对于履行辅助人理解之几点探讨》,《山西高等学校社会科学学报》2004年第12期,第80页。

② 郑志军:《国际海运承运人之履行辅助人责任问题研究》,博士学位论文,华东政法大学,2011年,第106页。

③ 王利明:《民法总则研究》(第二版),中国人民大学出版社2012年版,第146页。

④ 徐海燕:《民商法总论比较研究》,中国人民公安大学出版社2004年版,第361页。

与相对人之间债务关系的第三人，其身份应为被代理人的履行辅助人。然而，与此情况类似但结果不同的是，大陆法系的间接代理制度虽然也是间接代理人为被代理人的利益而以自己的名义与相对人为民事法律行为，但这种代理制度不属于大陆法系传统民法中真正的代理，而应以行纪制度论，其实质是被代理人不能穿越间接代理人而直接与相对人设定权利义务关系。[①] 因此与相对人形成债务关系的当事人只能是间接代理人，而非被代理人，间接代理人不能以债务关系当事人之外第三人的身份成为被代理人的履行辅助人。

（三）使用人的具体形态依据债务人与使用人之间关系的不同而有所不同

如前文所述，使用人与债务人之间可以存在事实行为，如友人好意辅助履行的场合即可以成为使用人。但在大多数商事活动中，使用人与债务人之间存在的是民事法律行为，二者之间属于民事法律关系，具体可表现为雇佣关系、代理关系或者独立合同关系。其中，以债务人与其使用人之间的民事法律关系是否有指挥、监督关系为标准，可将作为使用人的履行辅助人分为从属型履行辅助人和独立型履行辅助人。前者如雇佣关系和代理关系中的受雇人和代理人，后者如独立合同人。以下对使用人与债务人之间的民事法律关系进行具体的分析和比较：

关于雇佣关系的法律规定，从大陆法系到英美法系，从古至今都有明确的界定和规范。早在古罗马法律制度中出现的准私犯以及日耳曼法上主人必须无条件地承担由其仆人的过错行为造成的赔偿责任，这些都形成日后调整雇佣关系法律制度和原则的雏形。根据各国的立法例，可以总结出雇佣关系具有以下三种特征：第一，雇佣关系是以受雇人提供劳务为给付标的，这也是雇佣关系区别于以给付工作成果为标的的加工承揽关系的主要特征。第二，雇佣关系中雇主和受雇人之间存在指挥和监督的关系，受雇人在工作方式、操作规程和劳动程度等方面都要遵照雇主的指令，因此受雇人具有履行辅助人的身份时

[①] 史尚宽：《债法各论》，中国政法大学出版社2000年版，第481页。

属于从属型履行辅助人。这一特征明显区分于独立合同关系下合同当事人平等独立，独立合同人履行合同的方式和方法不受合同相对方的干涉和控制，不存在指挥和监督的从属关系。第三，雇佣关系曾经是以受雇人向雇主提供劳务，雇主向受雇人支付报酬为特征的双务法律关系。但是随着社会经济的发展变化，两大法系对于雇佣关系是否必须以有偿性为必要条件逐渐采否定态度。

对于独立合同关系，是指债务人可以自由选择完成合同的方式和方法，一般仅受与承运人间所缔结的合同制约的商务合同关系。在此关系下产生的独立合同人是英美法系中与受雇人相对应的概念，是指受委托从事某项特定工作，但可自由进行并可选择完成方法的人，[①]如承揽人、律师、会计师等。当独立合同人完成自己合同义务的同时亦辅助该合同相对方完成其与另一债权人之间的债务，此时，该独立合同人即为大陆法系履行辅助人中的独立型履行辅助人。受雇人与独立合同人是英美法系在侵权法里的"雇主责任"[②]制度中使用的二元分类，而从属型履行辅助人和独立型履行辅助人则是大陆法系从债务履行的角度对履行辅助人做出的划分。尽管由于称谓、分类和使用环境的不同，在英美合同法中无法寻得大陆法系履行辅助人制度的踪迹，但英美侵权法中的"雇主责任"采用受雇人和独立合同人适用两分法的方式，却与大陆法系将履行辅助人划分为从属型履行辅助人和独立型履行辅助人并区别对待的现象有异曲同工之处，两者关系如图1-1所示。

如前文所述，关于代理关系的界定，大陆法系和英美法系的规定也有很大差别。在大陆法系，代理制度严格区分委托和代理，并将代理行为限定在民事法律行为的性质上。代理可分为直接代理和间接代理，分别是指代理人以被代理人的名义或自己的名义，在代理权限范围内与第三人进行民事法律行为，由此产生的法律后果直接或间接归

[①] GARNER B. A., *Black's Law Dictionary* (9th ed.), St. Paul, MN: Thomson Reuters, 2009: 12.

[②] 雇主责任是指雇主因其雇员执行职务时给第三人造成损害所承担的赔偿责任。国内学者有将其称为"转承责任""替代责任""雇主替代责任"等，笔者在下文将作详细介绍。

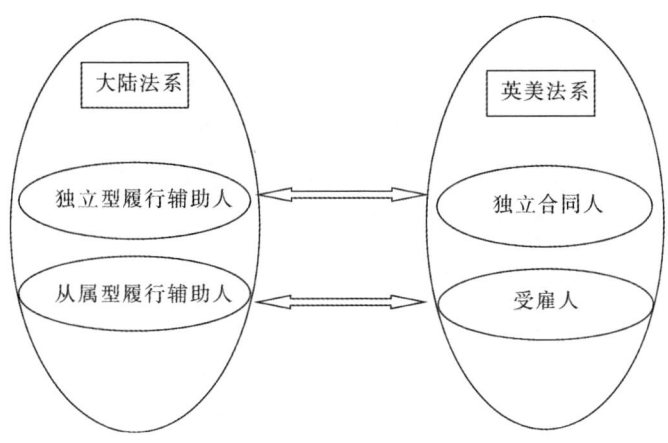

图 1-1 大陆法系中履行辅助人的类型与英美法系中"雇主责任"两分法之对应

属被代理人的法律制度。英美法系代理制度的立法理论为"等同论",不关注代理人和被代理人的内部关系,即形式上不重视代理人是以谁的名义为代理行为,因此不区分委托和代理,代理也不以进行民事法律行为为限,具体包括显名代理、隐名代理和不公开代理人身份的代理三种类型。因此,在范围上,英美法系的代理人不限于大陆法系代理制度中专门代为民事法律行为或代受意思表示的典型代理人,任何类型的中间人或者仅仅为他人履行了某种职责的人均可成为广义上的代理人。[①] 可见,英美法中广义的代理人包括受雇人和独立合同人,亦即大陆法系中的从属型履行辅助人和独立型履行辅助人,而狭义的代理人则仅指受雇人,[②] 即从属型履行辅助人。反观在我国及大陆法系的大部分国家和地区,代理人虽然可以向第三人为独立的意思表示,但都只能在被代理人授权的范围内,根据代理权限从事民事法律行为,客观上受制于被代理人的指示和监督,属于从属型履行辅助人。

---

① REYNOLDS F. M. B., *Bowstead and Reynolds on Agency* (18th ed.), London: Sweet & Maxwell Limited, 2006: 13.

② FLEMING J. G., *The Law of Torts* (9th ed.), Sydney: LBC Information Services, 1998: 14.

（四）履行辅助行为是履行合同之债的行为

履行辅助行为是履行债务人与债权人合同义务的行为，如果不属于履行辅助行为，实施该行为的第三人就不能认定为履行辅助人，而很可能归属为实施无因管理、侵害债权等行为造成履行障碍的第三人。履行辅助人的这一要件特征将债务人基于"为履行辅助人负责"的理论而承担的责任限制在一个合理的、债务人的活动能够扩张得到的范围之内，只有当第三人协助或代替债务人履行债务时，债务人方对其行为负责，以免债务人承担过重的不合理的责任。值得注意的是，这里的合同义务包括主给付义务、次给付义务与附随义务，无论履行哪种义务的行为均为履行辅助行为。至于履行辅助人在履行合同义务的过程中实施的其他行为是否可归属于履行辅助行为，债务人是否需要为此行为向债权人负责，笔者将在下文"为履行辅助人负责"制度与雇主责任制度的比较一节中详细论述。

另外，履行辅助行为不同于债务承担行为。所谓债务承担，我国《民法典》第551条的规定是，"债务人将合同的义务全部或者部分转移给第三人的，应当经债权人同意"。其中，将合同义务全部转移给第三人的称为免责的债务承担，原债务人因脱离债的关系对转移的债务免责；债务人不脱离债的关系，与后加入的第三人共同承担债务的称为并存的债务承担。无论哪种债务承担，其与履行辅助人履行债务的行为是不同的，主要表现在以下两点：

其一，履行辅助人在债务人和债权人的合同关系中属第三人，并非是合同关系的当事人，而债务承担中的第三人却因继受原债务人全部或部分债务而单独成为或与原债务人并列成为原合同关系的当事人。因此，债务承担中第三人履行债务的行为仅仅是为了自己与原债权人的合同义务，而履行辅助人履行债务的行为是为了债务人与债权人的合同义务，因为债务人就是为了完成其与债权人的主合同义务才使用履行辅助人。虽然有时履行辅助人的这一行为同时也是为了履行自己的合同义务，却是其与债务人的合同义务。例如卖方甲需将合同标的物如约交付给买方乙，承运人丙与甲签订货物运输合同负责交付货物，此时丙运输货物的行为既是履行自己与甲运输合同的义务，也是作为甲的履行辅助人履行甲乙买卖合同的交付义务。但是，如果由于不可抗力等原因卖方甲无法如约向乙供应货物，在经乙同意的前提下将买卖合同的全部债权、债务转让给丙，此时丙交付货物的行为就是履行自己与乙买卖合同的义务，而非作为合同当事人以外的履行辅助人的相关义务。

其二，债务人使用履行辅助人的行为除法律特殊规定以外不必取得债权人的同意，而债务人将全部或部分债务转移给第三人的债务承担行为必须取得债权人同意，否则转移行为无效。根据合同法原理及各国立法例，对于需要特定债务人亲自履行的合同义务，如债权人基于人身信任关系而与债务人订立的合同，此种情况下法律禁止由第三人代为履行，以免损害债权人利益。除此之外，从提高交易效率和促进经济发展的角度，法律一般允许债务人使用履行辅助人代为履行合同之债，并且无须取得债权人的同意。但对于债务承担行为，无论是免责的债务承担还是并存的债务承担都会直接影响债权人的债权最终能否实现及其实现程度，因此，各国法律都规定必须在取得债权人同意的前提下才能实现债务承担，否则行为无效。

二 履行辅助人法律问题界定

案例一：某装修公司的员工在为业主装修房间时，不慎因工具坠落损坏业主的家电，装修公司是否需要承担违约责任？

案例二：在上述案例中，如果装修公司与业主在装修承揽合同中约定一定的免责或责任限制条款，具体从事装修作业的公司员工能否援引？

从以上两个案例可以归纳出，围绕民法上的履行辅助人将产生两方面的法律问题。一个是在履行债务的过程中，因履行辅助人的过错行为造成债务不履行或履行不当的后果时，债务人是否应当承担合同责任？作为民法履行辅助人制度的核心问题，这个问题的答案是肯定的。因为，对于在合同领域奉行严格责任的国家，债务人作为合同的当事方，针对其履行辅助人在内的第三人的可归责行为所导致的合同责任必须负责，这与合同相对性原则相符合。而对于在合同领域奉行过错责任归责原则的大陆法系国家，如何使在履行辅助人的选任和监督方面无过错的债务人，基于其履行辅助人的过错行为承担合同责任，则涉及"为履行辅助人负责"的责任问题。围绕该问题还将产生债务人由此承担责任的性质和归责原则，承担责任的条件和理论基础等具体问题。而这些问题的解决及相应法律规范的设计，与国际海上货物运输领域承运人为其受雇人、代理人、实际承运人及海运履约方承担责任的规定具有异曲同工之处。

有关民法上履行辅助人的另一个法律问题则涉及"免责条款对履行辅助人的效力"问题。[①] 即如果债权人基于债务不履行或履行不当给自己造成了损害而向行为人履行辅助人请求侵权损害赔偿时，履行辅助人能否援引合同中的免责条款？如果依据侵权法的基本理论和合同相对性原则，这一问题的答案当然是否定的。因为，履行辅助人因自己的过错行为导致债权人损害，应由侵权行为人即履行辅助人本人向受害人债权人承担侵权责任，即使履行辅助人是债务人的雇员，涉及的"雇主责任"也应在侵权领域予以解决。另外，根据合同相对性原则，合同中的免责条款仅在合同当事人即债务人和债权人之间发生法律效力，不应对履行辅助人等合同第三人有效。因此，允许合同中的免责条款对履行辅助人发生效力，即履行辅助人可以援引合同中的免责条款，实质上是允许特殊的侵权行为可以适用合同领域的责任规范，进而对合同相对性原则进行突破。尽管不似"为履行辅助人负责"的责任问题在民法学界探讨之热烈，由于"劳动者解放请求权"所引起的矛盾，"免责条款对履行辅助人的效力"问题在一般民法领域逐渐凸显起来。而这一问题在国际海上货物运输领域表现得尤为突出，因为，在海上货物运输合同和提单等运输单证中，承托双方往往约定承运人可以适用一系列的免责和责任限制条款。那么，承运人之履行辅助人在实际履行运输合同中承运人的相关义务时，如果由于过错造成了货物的灭失、损坏或者迟延交付，履行辅助人向货方承担侵权责任时能否援引上述免责和责任限制条款？虽然海商领域对此有习

---

① 为表述方便，此处的免责条款包含责任限制条款。

惯性的肯定作法，并有国际公约和国内海上货物运输法的保障，但从理论基础和理论依据的角度将涉及"免责条款对履行辅助人的效力"之民法问题。

由此可见，履行辅助人的法律问题主要是指履行辅助人在辅助债务人履行合同义务的过程中，债务人因"为履行辅助人负责"而产生的责任问题以及"免责条款对履行辅助人的效力"问题。而这两项法律问题具体包括履行辅助人的界定和类型化问题、履行辅助人的法律地位问题、履行辅助人的具体权利和义务问题、"为履行辅助人负责"而产生责任的性质和归责原则问题、履行辅助人向债权人承担赔偿责任的性质和归责原则问题、履行辅助人对债务人与债权人之间合同相对性突破的问题等。本书论述的国际海运承运人之履行辅助人法律问题也是围绕履行辅助人的法律问题展开的。

第二节　"为履行辅助人负责"的责任问题

一　问题缘起——他人过错导致的合同责任

大陆法系关于履行辅助人的民事立法是伴随着"为债务履行辅助人负责"这一理论而产生的。"私法自治原则"下，民事主体可依自由意志进行民事活动，"自己责任原则"——仅对基于自己意思的行为承担民事责任为普遍原则。而所谓"为债务履行辅助人负责"简称"为履行辅助人负责"是指债务履行辅助人在辅助履行债务人的合同之债时，由于自身的过错导致债权人受到损失，此时履行辅助人的过错视同债务人自己的过错，产生的赔偿责任应由债务人负责。这一原则属于"自己责任原则"的例外——合同责任下的"他人过错"问题，即债务人因他人的过错而承担的合同责任，在民法理论上也可称为"债务履行辅助人责任"[1]。

"为履行辅助人负责"是在过错责任归责原则的背景下产生的。早在罗马法中，由于违反契约而承担的责任系采用过错责任的归责原

---

[1] 王泽鉴：《民法学说与判例研究》（第六册），北京大学出版社2009年版，第693页。

则,即只有在债务人由于自身的故意或过失违反契约时才向债权人承担相应的合同责任。因此,债务人违约如果是由债务人之履行辅助人的过错行为导致,债务人仅就选任、指示或监督履行辅助人具有过失时始负责任,[1] 否则即可认定债务人自身没有过错而无须承担责任。该过错责任归责原则仅在委托法、运输法、代理法等有限领域设有例外,如承揽合同中承揽人对于辅助人的过错应当如同自己过错一样,负同一范围的责任[2];除能证明损害的产生是由不可抗力导致的,住宿主人对受雇人保管财物的过错应予负责。[3] 这些例外规定明确了债务人在特殊情形下的代负责任,属于合同责任下的他人过错问题,同时也构成了"为履行辅助人负责"这一理论的雏形。

随着近代资本主义经济的飞速发展,社会分工日益细化,债务人使用辅助人完成商事交易已成常态。在这种背景下,由于履行辅助人的过错导致债务不履行是继续采用罗马法传统的过错责任追责抑或从减轻债权人负担风险的角度出发而对债务人的代负责任有所突破,两种意见争论不断。直至1896年制定并于1900年实施的《德国民法典》在第278条明确规定了"为履行辅助人负责"的一般性规定,即"债务人对其法定代理人或者其为清偿债务而使用的人所犯过失,应与自己的过失负同一范围的责任"。该规定虽未指明履行辅助人的概念,但基本确立了履行辅助人的类型及债务人代为承担责任的方式,它将过错责任体制下的例外规定上升为法律原则,对后世的民事立法影响极大。许多国家或地区的法律设置了专门的规范作为债务人在合同领域为履行辅助人的过错承担责任的正当化依据。如《瑞士债权法》《荷兰民法典》《意大利民法典》都借鉴《德国民法典》第278条的立法模式或者立法理念,或在法律中明确"辅助人"的概念,或虽未明确概念但明确了债务人的代负责任,日本民法则在判例学说上对该原则予以肯定,我国台湾地区"民法"第224条也效仿德国立法例,区

---

[1] 王泽鉴:《民法学说与判例研究》(第六册),北京大学出版社2009年版,第696页。
[2] 郑溶:《论德国法关于债务履行辅助人的过错和本人责任的规定》,《法制与经济》2008第7期,第64页。
[3] 王泽鉴:《民法学说与判例研究》(第六册),北京大学出版社2009年版,第696页。

别在于该条履行辅助人的类型并非是《德国民法典》第 278 条划分的"法定代理人"和"使用人",而是"代理人"和"使用人"。

二 "为履行辅助人负责"的理论基础

（一）"合同相对性原则"的体现

"合同相对性原则"是大陆法系和英美法系合同法制度上共有的一项原则,区别在于大陆法系将其称为"债的相对性原则"。虽然称谓不同,两大法系界定该项原则的基本内涵大致相同,主要是指合同只能在合同当事人之间具有强制力和拘束力,即合同当事人可以依约互相主张权利和义务并承担相应的责任,未参与建立合同关系的第三人不能主张合同上的权利而获益,也不能为其设定合同义务使之承担责任和承受损失。① 王利明先生将合同相对性原则的内容概括为合同主体、合同内容和合同责任三方面的合同相对性,这也是我国学界关于合同相对性原则的通说。具体而言,主体的相对性是指依据合同建立的法律关系只能发生在特定的当事人之间,当事人可以依据合同提出请求,当事人以外的第三人不能依据合同提出或被提出请求;内容的相对性是指当事人依据合同所享有的权利和承担的义务只在合同的当事人之间有效,合同不为当事人以外的、不受合同约束的第三人赋予权利,更不能为其设定义务;责任的相对性是指基于合同产生的违约责任只对合同的当事人有效,该责任不及于当事人以外的第三人。② "为履行辅助人负责"制度是指有债务人之履行辅助人参与履行合同义务的场合下,由于履行辅助人的过错行为导致债权人利益受损,此时履行辅助人的过错视为债务人的过错,由债务人向债权人负责,承担违约责任。可见,这一制度本身即为合同相对性原则的体现。

（二）"危险责任理论"与"报偿责任理论"的学说

所谓"危险责任理论",是指由于债务人役使第三人履行债务而

---

① 王利明:《合同法研究》（第一卷）,中国人民大学出版社 2011 年版,第 266 页。
② 王利明:《民法》（第六版）,中国人民大学出版社 2015 年版,第 466—467 页;杨立新:《合同法专论》,高等教育出版社 2006 年版,第 42—43 页。

增加的债务不履行或者不当履行的危险，应由债务人自己负担。^① 而"报偿责任理论"则认为，债务人使用履行辅助人扩大活动范围并获得收益的同时，也要向债权人负担因此所带来的不利益。^② 将"危险责任理论"与"报偿责任理论"或者两者合并作为"为履行辅助人负责"制度的理论基础，与收益和风险相一致的公平原则相符合，也与同样是为他人行为负责的"雇主责任"制度的理论依据具有异曲同工之处。

（三）"合同上之预见的尊重"理论

当前，日本法上比较新派的观点认为，在采用过错主义归责原则的背景下，债务人为其履行辅助人辅助履行合同债务过程中的致害行为向债权人负责的理论基础在于对"合同上之预见的尊重"。其核心思想在于，在合同领域，债权人的债权范围以及债务人的免责事由可以预见并必须加以尊重，不能因债务人役使第三人履行合同债务而发生变更。^③ 具体而言，除非符合不可抗力等免责事由之情形，债务人本人均应承担相应的违约责任。但是，在债务人役使他人（履行辅助人）履行合同债务的情形下，即使不存在不可抗力等免责事由，债务人只要能够证明其在选任、监督履行辅助人上没有过错即可免责，这意味着债务人可以不经债权人的同意，单方面减轻甚至免除自己的责任，这样差异性的结果对债权人而言显然是不公平的。因为，根据"合同上之预见的尊重"理论，只要债务人自己通过合同承接了债务，就不能够允许其通过役使他人来改变本可预见的债务人在合同项下的免责事由以及债权人的利益状态。^④ 这一理论与德国法学家梅迪库斯对《德国民法典》第278条立法目的的理解极为相似，即"使债权人不

---

① ［德］罗伯特·霍恩、海因·科茨、汉斯·G. 莱塞：《德国民商法导论》，楚建译，中国大百科全书出版社1996年版，第124页。

② ［日］柚木馨：《独逸民法（Ⅱ）》，有斐阁1955年版，第113页。

③ ［日］森田宏樹：《わが国における履行補助者責任論の批判的検討》，载［日］森田宏樹《契約責任の帰責構造》，有斐阁2002年版，第161—162页。

④ ［日］森田宏樹：《「他人の行為による契約責任」の帰責構造》，载［日］森田宏樹《契約責任の帰責構造》，有斐阁2002年版，第79—83页。

受劳动分工引起的不利益所影响"①。国内部分学者也对该理论予以支持。②

（四）无过错责任归责原则的体现

在英美法系国家，合同法中并不存在"履行辅助人"的概念以及"为履行辅助人负责"的理论。究其原因，英美法系国家倡导严格责任，除非符合法定免责事由，债务人因任何第三人的原因而违约都要承担违约责任，这其中自然应当包括"为履行辅助人负责"的情形，债务人没有过错不能成为对抗违约责任的抗辩理由。因此，英美法系在合同法领域并没有将履行辅助人与其他第三人加以区分而特殊规定。可见，履行辅助人制度一般只存在于对债务不履行采取过错主义立法模式的大陆法系国家，因为在过错责任的归责原则下，如果债务人本人在选任、监督和指示履行辅助人方面没有过错，他就没有为履行辅助人这个"第三人"的行为向债权人承担债务不履行的责任。但是，如前文所述，如果允许债务人役使他人为自己履行合同义务的同时，又免除他承担因此而产生的责任，实在显失公平，也与权利义务相一致的民法基本原则相违背。因此，大陆法系国家普遍适用的过错责任在现代合同法中表现出了新的发展，其中之一就是很多不属于过错的情况都可能产生债务人责任，典型例子即"为履行辅助人负责"的理论和制度。然而，"为履行辅助人负责"即"债务履行辅助人责任"尽管最终体现为债务人为其履行辅助人的过错向债权人承担违约责任，但是，学理上对这一责任的归责原则存有争议。

观点一，以林诚二先生为代表的我国台湾地区部分学者认为，债务人承担的是过失责任，并且履行辅助人的过失视同债务人自己的过失属过失责任之扩大。③ 我国大陆部分学者如王利明教授也持此观点，

---

① ［德］迪特尔·梅迪库斯：《德国债法总论》，杜景林、卢谌译，法律出版社2004年版，第259页。

② 解亘：《免责条款对履行辅助人之效力》，载韩世远、［日］下森定：《履行障碍法研究》，法律出版社2006年版，第32页。

③ 林诚二：《民法债编总论——体系化解说》，中国人民大学出版社2003年版，第324—329页；彭赛红：《论债务人之履行辅助人责任》，《北京理工大学学报》（社会科学版）2006年第2期，第40页。

并进一步认为,对于债务人而言,履行辅助人的过错视同自己的过错,"属过错的认定,而非推定"①。观点二,德国民法通说则认为,债务人对履行辅助人的责任属于一种为他人过错的严格责任,具体属于法定担保责任。② 我国台湾学者王泽鉴先生亦认同此观点,认为该项责任是无过错责任,具体为法定担保责任。③ 观点三,认为以上两种观点虽然表面上截然对立,但是效果实为一致,前者是从债务人对其履行辅助人的角度考察,后者是从债务人对债权人的角度出发,无论哪种观点均认为履行辅助人有过错即视为债务人有过错,债务人不能通过证明自己在选任、指示或监督履行辅助人方面无过错而免责。④

笔者赞同第二种观点,即债务人为履行辅助人负责而承担责任的性质应为无过错责任。同时认为,观点一和观点二不仅在表面上截然对立,效果也并不完全一致,第三种观点并不完全准确。原因在于,大陆法系确立的"为履行辅助人负责"这一原则的立法目的就在于保护债权人利益,降低债务人因使用辅助人扩大领域、增加利益而给债权人带来的风险。如果根据观点一,债务人承担的是过错责任,主张利益的债权人必须对债务人的履行辅助人主观上有无过错进行举证,势必会加重债权人负担,与该原则的立法目的相违背。而根据观点二,债务人承担无过错责任的情况下,债权人无须举证债务人或其履行辅助人主观上是否有过错,只要证明存在损害事实及一定的因果关系即可,举证责任较轻。而债务人只有举证证明存在法定免责事由才可免除责任,举证责任较重,这与"为履行辅助人负责"原则的立法本意相符。可见,这两种观点的法律效果并不完全一致,观点三的结论并不准确。

另外,针对"为履行辅助人负责"而产生的"债务履行辅助人责

---

① 王利明:《合同法研究》(第二卷),中国人民大学出版社2011年版,第243页。
② Larenz, *Allgemeiner Schuldrecht* (4. Auflage), 1987. 295f.
③ 王泽鉴:《民法学说与判例研究》(第六册),北京大学出版社2009年版,第82页。
④ [德]迪特尔·梅迪库斯:《德国债法总论》,杜景林、卢谌译,法律出版社2004年版,第259页;王利明:《民商法研究》(第一辑),法律出版社2014年版,第446页;夏元军、李群:《论承运人的债务履行辅助人责任》,《中国海商法年刊》2008年第18期,第178页。

任"的性质属于无过错责任还是严格责任，抑或是同一种责任的问题，笔者倾向于无过错责任性质的理解。原因在于，严格责任来源于英美法，是英美法系确定侵权责任和违约责任的一种归责原则，现为大陆法系国家普遍接受。无过错责任则是大陆法系民法学说的传统概念。在确定违约责任时，严格责任和无过错责任原则的相同点在于，债权人无须对债务人的主观过错加以证明，只要证明有损害结果发生，债务人即要承担违约责任，只有在举证证明自己的行为符合法定事由时债务人才能免责或减轻责任。不同点在于严格责任仍以过错作为认定债务人承担责任的标准，只不过这种过错是法律推定的过错，而无过错责任则完全不考虑行为人的过错。所谓"履行辅助人的过错视为债务人的过错"，这里"视为债务人的过错"并不代表债务人本身真的有过错，亦即并没有将债务人本人是否有过错作为责任承担的考虑因素，只要履行辅助人的过错行为导致违约，债务人就需为其向债权人负责，属于一种为他人过错进行法定担保的责任，[①] 而非事实上的过错责任。从这一角度理解，"为履行辅助人负责"体现的也应是一种无过错责任的归责原则。

三 "为履行辅助人负责"与"雇主责任"比较

现代社会中雇佣关系极为普遍，雇佣规模也不断扩大。与此同时，雇员在执行职务过程中致害第三人的行为也随之增加。为解决由此产生的纠纷以及平衡雇主、雇员和受害人三方的利益关系，雇主责任应运而生，并成为大陆法系和英美法系现代民事法律制度中重要的组成部分。传统的"雇主责任"也称"雇主替代责任""雇佣人责任""代负责任""转承责任"等，是指雇主对雇员在执行职务行为过程中致人损害而代雇员承担的侵权损害赔偿责任。[②] "为履行辅助人负责"作为大陆法系的一般民法原则和制度，与"雇主责任"既有联系也有

[①] 法定担保责任，是指债务人役使他人履行合同时，对该他人的谨慎给付负担义务，由此而产生的责任为法定担保责任，该责任属于无过错责任的一种具体类型。

[②] 张新宝：《侵权责任法》（第三版），中国人民大学出版社2013年版，第81页。

区别。二者在本质上均建立在为他人行为而负责的立法基础之上，当履行辅助人造成债权人利益受损的行为同时表现为雇员对受害人的侵权行为时，作为雇主的债务人在合同范围内向债权人承担的违约责任和对受害人的侵权行为应承担的雇主责任可能出现竞合。但是，这两种责任和制度毕竟分别存在于合同和侵权两种不同的法律关系之下，二者在责任性质、归责原则、适用范围、可归责的行为范围等方面均具有一定的差异性。

（一）"为履行辅助人负责"与"雇主责任"之间的区别

首先，两种责任性质不同。"为履行辅助人负责"是合同法领域的一项制度和原则，债务人为履行辅助人承担的是债务不履行的违约责任。并且，根据合同相对性原则，违约责任本就应该由合同当事人承担，因此"为履行辅助人负责"虽然表面上是为他人行为负责，实际是自己责任的体现。雇主责任下，雇主为雇员承担的是针对第三人损害的侵权责任，由于侵权人是雇员本人，因此这种雇主替代责任无论表象还是内涵都属于雇主为他人而非本人承担的责任，是真正为他人行为负责的侵权责任。

其次，两种责任归责原则不同。在学界，"为履行辅助人负责"与"雇主责任"的归责原则均有不同的观点和学说。如前文所述，学界通说认为"为履行辅助人负责"这一合同责任的归责原则为无过错责任。而雇主责任在大陆法系和英美法系中体现出的归责原则既有区别也呈现出融合的趋势。在大陆法系，通说认为雇主责任的归责原则为过错推定责任，[①] 但在司法实践中趋向于适用无过错责任。[②] 英美法系下雇主责任的归责原则则为严格责任。

---

① 采用这一立法模式的大陆法系国家以德国和日本较为典型。具体而言，如果受雇人在执行职务过程中致人损害，则推定雇主有过错需向受害人承担侵权赔偿责任，但如果雇主能够证明自己在选任和监督受雇人方面已尽必要注意义务或即使尽相当注意损害仍会发生时，则视为主观上没有过错可以免责。

② 由于过错推定的归责原则与加强受害人利益保护的现代立法目的相背离，在"雇主责任"制度中采用这一归责原则的德国、日本等国家和中国台湾地区纷纷采用各种措施在司法实践中渗透无过错责任，限制过错推定责任的适用。而在法国，"雇主责任"的归责原则则为无过错责任。

再次，两种责任适用范围和责任归属不同。在责任适用范围上，"为履行辅助人负责"是合同债务人为其履行辅助人的行为向债权人承担的责任。这里的"履行辅助人"除了雇员以外，还包括代理人、独立合同人等。而雇主责任中，雇主只为其雇员的行为承担侵权责任，独立合同人等其他主体不适用雇主责任。例如，在英美侵权法中，雇主责任要求雇主应为其雇员在职务范围造成第三人损害的行为负侵权责任，给予受雇人在公法领域内较大的保护，而对其独立合同人的相同行为不负侵权责任，① 一般由独立合同人自负其责，这就是前文提及的英美侵权法中雇主责任采用受雇人和独立合同人适用两分法的规定。但是这一规定也有例外，如果独立合同人的行为属于英美法上"不可转嫁的义务"（non-delegable duties），② 雇主仍不能据此免责。

在责任归属方面，"为履行辅助人负责"是基于履行辅助人的过错行为，合同债务人向债权人承担责任，责任承担者应为债务人。而针对雇主责任中的责任承担者，不同国家的规定不尽相同。我国台湾地区的雇主责任表现为雇员与雇主承担连带责任，雇员可能因自己的侵权行为成为法定的被告，但是雇员只要提出致害行为属于"职务行为"的抗辩即可免责。③ 而在德国、日本和法国，雇主责任属于真正的替代责任，只有雇主能作为侵权之诉的被告，成为唯一的责任人。④ 在英美普通法下，雇主责任虽然被称为转承责任、代负责任，从字面上看容易产生一种误解，即雇主替代了雇员的责任，从而解脱了雇员。但实际上，实际实施侵权行为的雇员本身并未从责任中脱身，对受害

---

① REYNOLDS F. M. B., *Bowstead and Reynolds on Agency*（18th ed.），London：Sweet &Maxwell Limited，2006：23.

② 根据注意义务是否可以转嫁他人，英美侵权行为法将行为人的侵权责任区分为"实际责任"（或称"本人责任"）（actual liability or personal liability）与"转承责任"（vicarious liability）两类。对于后者，在行为人履行不可转嫁的义务时，虽然行为人本人可以通过订立合同将自己的义务委托给独立合同人履行，但如果义务未得到适当的履行，仍须由行为人本人首先承担侵权责任，属于一种广义上的"雇主责任"或"代负责任"。在海上货物运输中，承运人的适航义务、最低强制责任等均属于不可转嫁的义务。

③ 参见我国台湾地区"民法"第188条的规定。

④ 参见《德国民法典》第831条、《日本民法典》第715条、《法国民法典》第1384条的规定。

人而言其仍然是连带责任人，只是从实践的角度，在雇主没有破产的情况下，受害人鲜有追索雇员的。在雇主破产的情况下，实施侵权行为的雇员自可单独被诉。①

最后，两种责任下可归责行为的范围不同。在"为履行辅助人负责"的原则下，承运人为其履行辅助人的过错行为向货方承担违约责任。学界对于履行辅助人的可归责行为与履行债务之间内在牵连的程度说法不一。狭义的观点也是主流观点认为，辅助人的可归责行为属于债务人依照合同的内容或属性对于债权人的人身或财产的保护义务的范围，② 不应包含利用履行债务的机会使债权人承担生活上一般风险的行为。也有学者不区分执行职务的行为和所谓利用职务上机会的行为，认为只要是造成债务人契约无法履行的行为均是债务人应负责的行为，③这是从债权人利益保护的观点出发对履行辅助人可归责行为的广义理解。笔者认为，债务人为履行辅助人负责而承担的责任毕竟是合同责任，因此只有客观上是在合同关系发展范围内的行为才是履行辅助人的可归责行为，履行辅助人利用职务上的机会，主观上临时起意而从事的与履行合同义务无任何关联的行为不是职务行为，这与"雇主责任"下受雇人的可归责行为是不同的。在"雇主责任"下，雇主替代受雇人承担侵权责任的前提也是受雇人对第三人所实施的加害行为必须与其职务有牵连关系，根据现在的主流观点，这一牵连关系不应局限于"职务范围内的行为"，利用从事职务时特有的条件、机会、时间等便利实施侵权行为的，均可认定其为职务行为。④ 例如，搬家公司甲的雇员乙在搬家过程中，不慎将客户丙的彩电摔坏，甲基于"为履行辅助人负责"的原则应向丙承担违约责任，基于"雇主责任"应向丙承担侵权责任，此时两种责任发生竞合。反之，乙搬家过

---

① 胡雪梅：《英国侵权法》，中国政法大学出版社 2007 年版，第 215 页。

② Larenz, *Allgemeiner Schuldrecht* (4. Auflage), 1987. 3oZf；王泽鉴：《民法学说与判例研究》（第六册），北京大学出版社 2009 年版，第 80 页。

③ ［德］迪特尔·梅迪库斯：《德国债法总论》，杜景林、卢谌译，法律出版社 2004 年版，第 258 页。

④ 孙羽：《雇主责任问题研究》，硕士学位论文，大连理工大学，2013 年，第 12 页。

程中还窃取丙财物的行为则属于债务履行以外的侵权行为，甲只能基于"雇主责任"为此承担侵权责任，但不能承担违约责任。

（二）"为履行辅助人负责"与"雇主责任"之间的竞合

当辅助债务人完成合同义务的履行辅助人是债务人的受雇人时，他履行债务的行为若同时符合侵权行为的构成要件，债务人为履行辅助人向债权人承担的违约责任则会与债务人作为履行辅助人的雇主而承担的雇主责任发生竞合的问题。例如，在旅客运输中，由于司机的驾驶过失发生交通事故，导致乘客受伤。这一事件中，客运公司作为司机的雇主，既可能面临乘客基于雇主替代责任向其提起的侵权诉讼，也可能由于"为履行辅助人负责"的原则，向债权人乘客承担违约责任。此时，违约责任与侵权责任发生竞合，而各国立法对此种竞合的处理方式不尽相同，主要表现为允许竞合、禁止竞合和有限制的选择竞合三种方式。德国和我国立法采取第一种方式，并且在允许责任竞合的同时，当事人有权择一请求权予以诉讼。如我国《民法典》第186条规定："因当事人一方的违约行为，侵害对方人身、财产权益的，受损害方有权选择依照本法要求其承担违约责任或者依照其他法律要求其承担侵权责任。"由于侵权责任和违约责任在赔偿范围、归责原则、诉讼时效、举证责任等方面规定不同，权利人如何选择对自己有利的诉因非常重要。

第三节　免责条款对履行辅助人的效力问题

如前文所述，无论在大陆法系的民法学说还是民事立法中，对履行辅助人制度的探讨主要围绕"为履行辅助人负责"的理论基础、责任性质以及由此产生的"债务履行辅助人责任"与其他类似责任的比较等热点问题展开。"免责条款对履行辅助人的效力"则是与"为履行辅助人负责"制度相对应的有关履行辅助人本人法律地位的另一重要问题。由于按照传统的民法学说，债务人对债权人的契约责任与履行辅助人对债权人的侵权责任相互独立存在，[①] 因此履行辅助人的侵权责任不能援引合同中的免责条款。但是，基于公平原则及不同的救济手段对受害人的救济利益应当趋同的理念，侵权行为在某些特殊领域的特定条件下，有可能被纳入合同领域加以调整，合同中的免责条款对履行辅助人发生法律效力则为这一调整的结果和产物。而在德国民法学界，免责条款对履行辅助人的效力问题缘起于"劳动者解放请求权"导致的矛盾。

一 问题缘起——"劳动者解放请求权"产生所导致的矛盾

债务人与债权人在合同中经常会约定在一定条件下，债务人可以免除或者限制自己在履行债务过程中给债权人带来损害而须承担的合同责任，这样的免责或者责任限制条款（以下简称"免责条款"）是除却法定免责事由以外，债务人可以免责或者责任限制的约定事由。但是，如果给债权人造成损害的是债务人役使的履行辅助人，该履行辅助人能否援引上述合同中的免责条款以对抗债权人根据侵权行为法的规定向其主张的侵权责任，这就是免责条款对履行辅助人的效力问题。按照传统的合同相对性原则，包括免责条款在内的合同内容只能在合同当事人之间适用，任何第三人包括履行辅助人无权援引。但是，债务人通过免责条款可以获得免责，具体履行债务的履行辅助人却要承担责任，这与权利和义务相一致的公平原则并不相符。而由于特殊的制度背景，这一矛盾在德国的立法和学说中显得尤为突出。

根据《德国民法典》第831条和第840条的规定，雇员在执行事务时违法侵害第三人权益，雇主在监督及提供的装备等方面已尽必要的注意义务，或者即使尽必要的注意仍难免发生损害的，雇主可以免责；反之，由雇主向第三人承担赔偿责任。而在雇主与雇员的内部关系中，有过失的雇员须向雇主承担全额赔偿。但是，1936年Plauen地方劳动法院的判决中，法官指出轻过失的雇员应予免责，并陈述了解

[①] 德国法上称之为"分别人格的法理"，参见解亘《免责条款对履行辅助人之效力》，载韩世远、[日]下森定：《履行障碍法研究》，法律出版社2006年版，第392页。

放劳动者的思想，即"鉴于人类在本质上的不完美，无论何等仔细周到的人，如将其长期置于精神紧张的状态，都会犯错误"①。根据这一指导思想，德国帝国劳动法院和联邦劳动法院在之后几十年的时间里先后发展并完善了劳动者解放请求权的判例法理，在司法实践中纠正了民法典的立法失误。具体而言，德国法上的"劳动者解放请求权"是指，当雇员（劳动者）基于轻过失致他人或者雇主本人损害时，雇员可以向雇主主张从被害人的损害赔偿义务中全部或者部分解放出来的权利。②解放请求权具体表现为三种形态：首先，当雇主要求雇员承担雇员责任（主张损害赔偿请求权或追偿权）时，雇员可以抗辩；其次，当受害人向雇员主张损害赔偿请求时，雇员可以要求雇主承受债务，以便将自己从对受害人的责任中解放出来，即"免责请求权"或"狭义的解放请求权"（Freistellungs – oder Befreiungsansprunchen）；最后，如果在雇主履行解放义务之前，雇员已对第三人做出了赔偿，那么雇员可以向雇主主张"偿还请求权"③。

根据对"劳动者解放请求权"及其三种形态的理解和分析，一旦在劳动法领域运用该制度，势必会造成债务人的免责利益、债权人请求损害赔偿的利益以及劳动者的解放请求权所生之利益三者之间不可调和的矛盾。④具体而言，如果不承认债务人与债权人之间的免责条款对履行辅助人——雇员的效力，雇员在向作为受害人的债权人赔偿之后，仍然可以依据"劳动者解放请求权"向雇主请求补偿，结果作为雇主的债务人与债权人之间的免责条款对于债务人而言失去了价值，亦即免责条款的空洞化。

为了解决上述理论及制度间的矛盾，德国民法学界在免责条款对第三人的效力问题上逐渐形成三种学说：扩张否定说、限定性的扩张

---

① ArbG Plauen 4.11.1936，ARS 29，62.
② 解亘:《免责条款对履行辅助人之效力》，载韩世远、[日]下森定:《履行障碍法研究》，法律出版社2006年版，第397页。
③ 班天可:《雇主责任的归责原则与劳动者解放》，《法学研究》2012年第3期，第115页。
④ 解亘:《免责条款对履行辅助人之效力》，载韩世远、[日]下森定:《履行障碍法研究》，法律出版社2006年版，第391页。

肯定说和一般性扩张肯定说。扩张否定说的观点在于，肯定合同中的免责条款对于明示纳入免责范围第三人的效力，但是否定免责条款对未明示第三人的适用效力，此时债务人只能甘受免责条款空洞化的结果。[①] 限定性的扩张肯定说认为，问题的本质在于因劳动法上解放请求权的存在而导致免责条款的空洞化，因此，只在劳动法领域承认免责条款对第三人的效力。[②]不同于以上两种学说，一般性扩张肯定说认为，由于"用债务关系的相对性原则这个教条已经不能正确评价履行辅助人的自己责任问题"，因此，尽管"劳动者解放请求权"的相关制度是劳动法院建立的，承认免责条款对第三人的效力最初也是为了解决"劳动者解放请求权"与免责条款空洞化的矛盾，但是，承认"劳动者解放请求权"而导致的免责条款空洞化不过是构成免责条款对第三人效力问题的一个场景，该学说主张免责条款对第三人的效力适用于所有的履行辅助人。[③]笔者赞同此观点，认同债务人与债权人合同中约定的免责条款对所有债务人之履行辅助人的效力，而不限于免责条款明示约定的范围，也不限于履行辅助人和债务人之间必须是雇员与雇主的劳动关系。因为，这样的结论不仅为德国劳动法领域各种制度之间的矛盾提供解决的路径，其背后蕴含的理论基础更为各领域履行辅助人法律地位的明确以及具体权利的运用提供理论依据。

[①] [日]龟冈伦史：《免责条项等の履行補助者保護効－履行補助者の自己責任に関する一考察 ドイツ法を手がかりに－（三完）》，载《島大法学》40卷4号1996年，第93页；解亘：《免责条款对履行辅助人之效力》，载韩世远、[日]下森定：《履行障碍法研究》，法律出版社2006年版，第398页。

[②] [日]龟冈伦史：《免责条项等の履行補助者保護効－履行補助者の自己責任に関する一考察 ドイツ法を手がかりに－（三完）》，载《島大法学》40卷4号1996年，第93页；解亘：《免责条款对履行辅助人之效力》，载韩世远、[日]下森定：《履行障碍法研究》，法律出版社2006年版，第399页。

[③] [日]龟冈伦史：《免责条项等の履行補助者保護効－履行補助者の自己責任に関する一考察 ドイツ法を手がかりに－（三完）》，载《島大法学》40卷4号1996年，第93页；解亘：《免责条款对履行辅助人之效力》，载韩世远、[日]下森定：《履行障碍法研究》，法律出版社2006年版，第400页。

二 免责条款对履行辅助人效力的理论基础

（一）"合同相对性原则的突破"理论

根据各国的立法和学说，对合同相对性原则的突破可以界定为：基于法定或合同的约定，合同之外的第三人可以独立地享有法律或合同项下的全部或部分权利，或承担全部或部分责任的法律制度。① 对合同相对性原则的突破是伴随经济的发展和社会实践的需要而发生的，由于现代社会分工细化，市场经济呈现出前所未有的关联性和复杂性。合同当事人所订契约涉及第三人或者其他社会利益的情况较为普遍，基于合同自由的原则，合同当事人可能会在合同中约定使合同内容对第三人发生效力，即合同中为他人设定权利和义务的涉他性规范。这与传统的合同相对性原则相违背，但是鉴于某些行业如保险业、运输行业内部，合同当事人之间为他人设定利益的现象已经相当普遍，严格执行合同相对性原则越来越显现出它的不便和不公平之处。② 因此，为了平衡各种社会利益的需要和追求法律的公平价值，各国的立法和判例对于这种涉他性规范并没有一刀切的消极干预，相反，法律对一些在合同中可能会对第三人或者其他社会利益产生重要影响的事项予以法定化，给予积极的调整，使得合同以外第三人的利益得以保全，降低合同相对性原则的局限性可能对社会利益产生不利的影响。这些涉他性的法律制度、学说和判例构成了合同相对性原则的突破。可见，允许债务人之履行辅助人适用债务人与债权人之间的免责条款以免除或限制自己的损害赔偿责任正是第三人对合同内容的突破，是合同相对性原则突破的具体表现之一。

（二）"附保护第三人作用的契约"说

大陆法系国家有为他方设定利益的原则，并以此原则作为合同相对性原则突破的理论基础，具体的原则和法律制度主要有《德国民法

---

① 尹田：《论涉他契约——兼评合同法第 64 条、第 65 条之规定》，《法学研究》2001 年第 1 期，第 48 页。

② 王威：《〈鹿特丹规则〉下海运履约方法律制度研究》，博士学位论文，大连海事大学，2011 年，第 45 页。

典》中的"附保护第三人作用的契约"。所谓"附保护第三人作用的契约",是指根据合同相对性原则,合同当事人以外的第三人不能享有合同中的权利并受其保护。但是,某些与债权人有特殊关系的第三人可能在债务人履行债务过程中或者由于债务人履行债务的结果而受到人身或财产上的损害。基于合同法上的诚实信用原则和信赖关系,也为了避免该特定第三人陷入无法得到侵权法的有力救济同时也不享有合同当事人的请求权的两难处境,应使该第三人如同债权人一样,有权享有合同中的损害赔偿请求权,[①] 该制度在德国法上并不限于合同中明示或者默示地赋予特定第三人以契约上的保护。从逻辑结构上看,"附保护第三人作用的契约"是与债权人有特定关系的第三人能否具备以及在何种条件和范围内具备合同当事人权利的问题。例如,在1930年德意志帝国最高法院有关"附保护第三人作用的契约"的著名判例中,燃气安装公司的安装师在给M太太装燃气表时,由于疏忽导致漏气现象,而后M太太的女佣因燃气漏气发生爆炸而受重伤。此时M太太可依据其与燃气公司间的承揽合同而向对方提起违约之诉,M太太的女佣可以侵权为由向燃气公司起诉,但该侵权诉讼在免责事项、诉讼时效和举证责任等方面都将不利于原告。那么,该女佣作为与合同债权人M太太有特定关系的第三人,能否享有承揽合同当事人的权利而以违约为由向燃气公司请求赔偿,则为"附保护第三人作用的契约"之效力。为保障受害人能够获得有效的救济和保护,帝国法院最后判决:M太太与燃气公司之间的承揽契约,应当解释为该女佣利益而缔结的契约,包含赋予第三人直接的损害赔偿请求权,原告女佣的违约之诉胜诉。[②]

与"附保护第三人作用的契约"的逻辑结构恰恰相反,免责条款对履行辅助人的效力问题体现的是与债务人有特定关系的第三人能否适用合同当事人权利的问题。德国法的通说主张将免责条款对履行辅

[①] 王威:《〈鹿特丹规则〉下海运履约方法律制度研究》,博士学位论文,大连海事大学,2011年,第45页。

[②] RGZ127, 218. 参见蒋雅琴《附保护第三人作用的契约之研究》,硕士学位论文,中国政法大学,2006年,第5页。

助人的效力问题与"附保护第三人作用的契约"的法律制度做同样的处理，即债务人之履行辅助人虽然是合同当事人之外的第三人，但却是依据债务人的意思实际履行合同、与债务人有特定关系的第三人，针对合同中的免责条款对履行辅助人的效力应予以承认，而无论该条款是否明示其及于履行辅助人。①

(三)"领域规范"理论

德国学者 Geissler 在免责条款对第三人的效力问题上，赞同一般性扩张肯定说，即合同中的免责条款对债务人的所有履行辅助人均发生法律效力。其在解释该学说时提出"领域规范"理论，以此作为支持免责条款对履行辅助人产生效力的理论基础。该理论认为，"法定的以及契约上的责任所包含的是由契约关系所规范的领域，未必限于未来的契约当事人"② 具体而言，某些不具备合同当事人法律地位的特定第三人，因与债务人同样从事履行债务的活动而进入由合同关系所规范的领域。此时，该第三人与合同当事人的法律地位近似，可以直接援引债务人的免责条款来对抗债权人，以免除或者限制自己的责任。持有类似观点的其他学者及其学说主要表现在：Schnor v. Carolsfeld 认为，劳动者被吸收进企业中构成一个生活复合体，免责条款的效力基于整个复合体。履行过程中是否成立侵权行为，取决于有契约确立的基准。③ Gernhuber 认为，"尽管履行辅助人是一个独立的人格主体，但是一旦被投入到债务履行中，就处于与债务密不可分的境地。""如果该第三人的活动在契约当事人的义务范围之内，且可能预见，那么就可以援用免责的条款。"④ 日本学者龟冈伦史同样赞同德国

---

① 解亘：《免责条款对履行辅助人之效力》，载韩世远、[日]下森定：《履行障碍法研究》，法律出版社2006年版，第402页。

② Geissler, "Vertages – und Gesetzesprivilegien" mit Wirkung fürErfüllungsgehilfen – Zur Problematik von Haftungsbeschrnkungen und Verjhrungsbestimmungen mit Wirkungfür Dritte (1983); [日]龟冈伦史：《免責条項等の履行補助者保護効-履行補助者の自己責任に関する一考察 ドイツ法を手がかりに-（三完）》，載《島大法学》40卷4号1996年，第273页；解亘：《免责条款对履行辅助人之效力》，载韩世远、[日]下森定：《履行障碍法研究》，法律出版社2006年版，第401页。

③ Schnor v. Carolsfeld, Arbeitsrecht, 2 Aufl. 1954, S. 295ff. u. 306.

④ Gernhuber, *Das Schuldverhaltnis*, 1989, S. 541ff.

学者所提出的"领域规范"理论并予以高度评价,"免责条款的责任规范,是规范契约领域和危险领域整体的'领域规范',其对履行辅助人在契约关系中之地位的分析非常重要"①。

综上所述,免责条款对履行辅助人的效力问题作为履行辅助人制度的基本理论之一,从履行辅助人本人的角度探讨了其在债务人与债权人之间合同中的法律地位及合同权利的适用问题,这是合同相对性原则突破的体现,与"附保护第三人作用的契约"说具有异曲同工之处。笔者认为,作为解释免责条款对履行辅助人效力问题的理论工具和理论基础,"领域规范"理论是最佳的选择。该理论指出,在合同履行的过程中,履行辅助人与债务人作出同样的投入是免责条款对履行辅助人效力问题的核心,即"与契约当事人同样的活动","要求与契约当事人同样的责任",② 这也为下文国际海运承运人之履行辅助人法律地位及其责任制度的探讨提供了合理的理论依据。

第四节 履行辅助人相关法律问题在我国立法的体现

根据上文所述,履行辅助人是大陆法系民法中的概念。从我国现行立法上看,并不存在专门针对履行辅助人的体系化理论。除《中华人民共和国旅游法》涉及履行辅助人的概念并对其明确界定外,其他的法律条文即使涉及类似的主体和制度,也并未直接使用履行辅助人的概念。特别是我国调整海上货物运输的相关法律,对于类似履行辅助人主体的规定在理论基础和体系化程度上均存在问题,如果能够借鉴履行辅助人的理论和制度,对于弥补现行海运立法的不足及解决海

---

① [日] 龟冈伦史:《免責条項等の履行補助者保護効 – 履行補助者の自己責任に関する一考察 ドイツ法を手がかりに –(三完)》,载《岛大法学》40 卷 4 号 1996 年,第 296 页;解亘:《免责条款对履行辅助人之效力》,载韩世远、[日] 下森定:《履行障碍法研究》,法律出版社 2006 年版,第 405 页。

② 解亘:《免责条款对履行辅助人之效力》,载韩世远、[日] 下森定:《履行障碍法研究》,法律出版社 2006 年版,第 402 页。

运实践中的争议和纠纷将大有裨益。

一　我国有关履行辅助人的立法现状

（一）原《中华人民共和国民法通则》①（以下简称《民法通则》）的相关规定

原《民法通则》分别在第43条、第63条和第116条对民事主体为第三人承担民事责任作出了规定。其中，第43条规定的是企业法人对其法定代表人的行为负责。如前文所述，这里的法定代表人不同于债务人的履行辅助人，法定代表人依法代表法人行使民事权利，履行民事义务，它的行为就是企业、事业单位法人本身的行为。而债务人的履行辅助人不是债务人，它是根据法律规定或债务人的意思履行债务的人，只不过履行辅助人的过错视同债务人的过错而已。第63条规定的是被代理人为代理人的代理行为负责，根据前文大陆法系对履行辅助人的一般分类及其民事立法和学说，被代理人为代理人的行为负责是"为履行辅助人负责"理论的具体表现。第116条规定的是由于上级机关的原因导致一方当事人承担合同责任的相关规定，这一法条虽然与当今市场经济的发展趋势并不相符，但是仅从文义上看，这里的上级机关显然不属于履行辅助人，有学者认为它与履行辅助人可以共同作为《中华人民共和国民法典》第593条"第三人"的组成部分，② 笔者赞同此观点。因为，无论履行辅助人还是上级机关，均为合同当事人以外的第三人，区别在于，前者是基于合同债务人的意思而履行合同义务的第三人，后者并不具备这一特征。

（二）《中华人民共和国民法典》（以下简称《民法典》）合同编的相关规定

我国《民法典》合同编虽未明确使用债务人之履行辅助人的概念，但大多数学者认为《民法典》第523条、第593条是与履行辅助

---

① 《中华人民共和国民法通则》有效日期为2020年12月31日止，此条例现已为《民法典》所替换。
② 韩世远：《他人过错与合同责任》，《法商研究》1999年第1期，第40页。

人制度相关的具体规定。《民法典》第523条规定："当事人约定由第三人向债权人履行债务的，第三人不履行债务或者履行债务不符合约定的，债务人应当向债权人承担违约责任。"第593条规定："当事人一方因第三人的原因造成违约的，应当向对方承担违约责任。当事人一方和第三人之间的纠纷，依照法律规定或者按照约定解决。"从法条字面文义上看，第523条强调导致违约的第三人是依据约定，债务人和债权人均已知晓的第三人，而第593条并未强调当事人的事先约定，既包括第523条规定的情形，也包括其他情形下的第三人。大陆法系下的履行辅助人是依法律的规定或债务人的意思履行合同之债，并不强调当事人的明示约定。因此，第523条中的"第三人"无法涵盖履行辅助人的全部范围，而第593条中"第三人"的具体范围是什么，是否可以等同于履行辅助人，学界的观点莫衷一是。

《民法典》韩世远教授结合原《民法通则》及原经济合同法的相关规定，认为原《合同法》第121条即第593条的"第三人"应包括履行辅助人和上级机关两类。① 也有学者认为应将第三人限定在履行辅助人、上级机关以及与债务人具有合同关系、代理关系、共同担保等一定法律联系的第三人。② 还有学者从债务人与债权人所处的合同关系性质出发，认为在某些具有看管义务的特殊合同如保管合同、承揽合同、租赁合同等合同关系下，基于第三人的原因造成的违约债务人须向债权人负责，其他的合同关系下则利用风险负担原则解决。③ 以上观点虽不一致，但相同点在于都对第三人的范围加以限定，债务人并不是为当事人以外的任何第三人负责。实际上，立法者最初以"与自己有法律关系"的措辞对《民法典》第593条里"第三人"的范围加以限制，只是因为这样并不能达到限制的目的，才决定删去该

---

① 韩世远：《他人过错与合同责任》，《法商研究》1999年第1期，第40页。
② 张影：《第三人原因违约及其责任承担》，《北方论丛》2002年第6期，第45页。
③ 耿卓：《〈合同法〉第121条中"第三人"的理解与适用》，《贵州警官职业学院学报》2009年第3期，第55页。

词。① 司法实践同样对限制第三人的观点予以支持，针对部分第三人原因导致的违约或排除第593条的适用，如第三人侵害债权的情形，或认定第590条不可抗力的规定优先适用而免除债务人责任，② 导致的损失适用风险负担规则解决。《民法典》第593条很好地维护了合同相对性原则，但是由于第三人范围的模糊性，易导致债务人代负责任过重，不利于公平交易。而这里的第三人应涵盖但不限于债务人的履行辅助人，它是对所有涉他合同中债务人责任承担的一个笼统规定，债务人为其履行辅助人负责仅是其中一种特例。

（三）《中华人民共和国旅游法》（以下简称《旅游法》）的相关规定

作为大陆法系民法中的概念，"履行辅助人"在我国民事法律体系中首次出现是在《旅游法》这一特别法中。由于《旅游法》是一部综合性的法律，既有属于民商法的内容，也包含行政法、经济法的内容。而有关履行辅助人的规定则是对旅游者、旅行社与履行辅助人平等主体之间民事纠纷的调整，因此，围绕履行辅助人而产生的旅游关系应属于民事法律关系。③

《旅游法》第111条第6款对履行辅助人的界定是，"与旅行社存在合同关系，协助其履行包价旅游合同义务，实际提供相关服务的法人或者自然人。"这与传统履行辅助人的概念相比多了三个限定：第一，履行辅助人必须与其债务人即旅行社存在合同关系；第二，履行辅助人只能为法人和自然人；第三，履行辅助人从事的行为是履行包价旅游合同义务的行为。如前文所述，履行辅助人可分为"法定代理人"和"使用人"，《旅游法》中的履行辅助人明显是依据债务人旅行社的意思而辅助其履行包价旅游合同义务的使用人。而在大陆法系民

---

① 梁慧星：《关于中国统一合同法草案第三稿》，《法学前沿》（第1辑），法律出版社1997年版，第194页。

② 《民法典》第590条规定："因不可抗力不能履行合同的，根据不可抗力的影响，部分或者全部免除责任，但法律另有规定的除外。当事人迟延履行后发生不可抗力的，不能免除责任。"

③ 有关《旅游法》所调整的旅游法律关系的性质，学界有民事法律关系说、消费法律关系说和社会法律关系说等观点。参见邹龙妹、熊文钊《旅游法的社会法属性刍议》，《河北法学》2013年第9期，第71—72页。

法中，使用人与债务人的关系可以是合同关系，也可以是没有合同关系的一般使用关系，因此第一个限定排除了未与旅行社签订合同但事实上为其履行合同义务的辅助人，例如未与旅行社签订合同的旅馆、餐饮店、景区等事实上协助旅行社提供住宿、餐饮、娱乐等服务的主体。第二个限定从字面上理解排除了合伙组织、个体工商户等非法人组织。尽管原《民法通则》将"合伙""户"等概念也纳入自然人范畴，但还需在旅游立法中加以明确，以免以"合伙"或"户"的方式经营的酒店能否成为履行辅助人在司法实践中引起争议。[①] 第三个限定则将旅游业内的履行辅助人仅限定在包价旅游的范畴，对于非包价旅游中旅游经营者的履行辅助人能否适用《旅游法》的相关规定则成疑问。另外，根据《旅游法》第71条第2款的规定，在《旅游法》下公共交通经营者并不属于旅行社的履行辅助人，由其自身原因导致旅游者损失时，旅行社仅有协助旅游者索赔的义务，赔偿责任承担者为公共交通经营者。而根据民法履行辅助人制度下的"干涉可能性不要说"，公共交通经营者可以成为旅行社的履行辅助人，如是，旅游者完全可以要求旅行社为公共交通经营者的致害行为负责并承担赔偿责任。

根据最高人民法院《关于审理旅游纠纷案件适用法律若干问题的规定》（以下简称《规定》）第1条第3款的规定，"旅游辅助者"是指"与旅游经营者存在合同关系，协助旅游经营者履行旅游合同义务，实际提供交通、游览、住宿、餐饮、娱乐等旅游服务的人"。根据该定义，"旅游辅助者"虽然与《旅游法》中的"履行辅助人"大体相当，但是范围更广。因为《规定》中的旅游经营者并没有限于旅行社，还会包含诸如农家乐、网上组织的旅游、景区等其他旅游经营者，而与这些主体存在合同关系的履行辅助人也将包含在"旅游辅助者"的范畴之内。并且，《规定》中的"旅游辅助者"涵盖与旅游经营者存在合同关系的地接社，而根据《旅游法》第71条的规定，《旅

[①] 周江洪：《从"旅游辅助服务者"到"履行辅助人"》，《旅游学刊》2013年第9期，第17页。

游法》中的履行辅助人与地接社并列，并非包含与被包含的关系。

通过以上的比较，《旅游法》中履行辅助人的范围不仅窄于传统民法中履行辅助人的范围，也窄于《规定》中"旅游辅助者"的范围。对于没有纳入《旅游法》下履行辅助人范畴的第三人，可否类推适用履行辅助人的相关规定将在未来涉及旅游纠纷的司法实践中产生一定的隐患和争议。[①]

（四）其他法律的相关规定

如前文所述，在我国的民法学说中，学者对履行辅助人的相关法律问题有所论及但普遍并不深入，与此相关的讨论主要集中在《中华人民共和国海商法》（以下简称《海商法》）及相关的港口法律中。尽管我国的海运立法并没有将相关主体界定为承运人的履行辅助人，但是如果能够引用民法中履行辅助人的概念及其制度来分析上述法律的理论基础，对相关主体进行类型化区分，改良其责任规范，将有利于确定海上货物运输中不同责任主体的具体权利、义务和赔偿责任，从而解决《海商法》等现行立法的不足及海运实践中的争议性问题。笔者将在下一章对此内容详细分析论述。

二 履行辅助人制度对我国立法的意义

（一）在严格责任下界定履行辅助人的意义

如前所述，德国法创立履行辅助人制度是在过错主义的归责原则下，解决合同责任与他人过错之间关系时提出的理论和措施。因此，有学者认为，履行辅助人的法律问题在过错责任原则下虽然突出，但在我国《合同立法》严格责任的体制下，已不具有多少重要性。[②] 笔者并不赞同此观点，因为，严格责任下债务人为第三人负责的范围也不是无限制的，而债务人为其履行辅助人负责则是必然的，第三人的行为如何可以评价为"履行辅助人的履行行为"，依然是一个无法绕

[①] 刘楠、李臻：《论媒体舆论监督对立法建设的影响——以〈旅游法〉制定和实施为背景》，《人民论坛》2015年第29期，第122页。

[②] 韩世远：《合同法总论》（第三版），法律出版社2011年版，第700页。

过去的问题。① 只要判断第三人为债务人之履行辅助人，则可确定债务人须向债权人承担违约责任，这是区别风险负担还是违约责任的依据之一。② 因此，即使在我国的法律环境下，履行辅助人的概念及其法律制度仍然具有极大的价值和意义。

（二）"为履行辅助人负责"制度的价值和意义

按照通说，我国的《合同立法》采取了以严格责任为原则、过错责任为例外的二元归责结构。③ 其中，《民法典》合同编中的赠与合同、运输合同、保管合同以及仓储合同中，债务人承担合同责任时应采用过错责任的归责原则。在这些过错责任下，肯定"为履行辅助人负责"的理论和制度，"将履行辅助人的过错视为债务人的过错"纳入立法规范，将会为本身并无过错的债务人因其履行辅助人的过错而承担合同责任提供理论基础和依据。

（三）"免责条款对履行辅助人的效力"问题的价值和意义

尽管由于履行辅助人的资力不够，通常情况下很少有债权人会向其请求损害赔偿，但在旅游业、货物运输业等履行辅助人广泛存在的商事领域，基于履行债务过程中的致害行为，受害人向履行辅助人本人提起的侵权诉讼屡见不鲜。此时，履行辅助人能否援引债务人与债权人之间的免责条款，即免责条款对履行辅助人的效力问题便凸显出来。在我国，针对这个问题的研究主要集中在海上货物运输领域，如《海商法》中关于实际承运人责任制度的规定、"喜马拉雅条款"有关承运人的受雇人和代理人对消极权利的适用等规定均是免责条款对履行辅助人发生效力的肯定和体现。而"领域规范"理论作为免责条款对履行辅助人效力的理论基础，则为《海商法》的上述规定提供理论依据。再如，根据《旅游法》第71条第1款的规定，"由于地接社、履行辅助人的原因导致违约的，由组团社承担责任"。这一条款与债务人"为履行辅助人负责"的民法理论相符合。但是根据第71条第2

---

① 解亘：《再论〈合同法〉第121条的存废——以履行辅助人责任论为视角》，《现代法学》2014年第6期，第34页。
② 李颖：《论债务履行辅助人的界定》，《研究生法学》2002年第1期，第105页。
③ 王利明：《违约责任论》（修订版），中国政法大学出版社2003年版，第58页。

款的规定,"由于地接社、履行辅助人的原因造成旅游者人身损害、财产损失的,旅游者可以要求地接社、履行辅助人承担赔偿责任,也可以要求组团社承担赔偿责任",如果旅游者以侵权为由向履行辅助人请求损害赔偿,履行辅助人可否主张存在于旅游者与组团社之间旅游合同中的免责或责任限制利益,而受侵害的旅游者能否请求在合同的框架内向履行辅助人主张权利,这些问题在近年兴起的邮轮旅游中大量存在。而免责条款对履行辅助人的效力问题及其理论基础则为这些问题提供了肯定的答案。

综上所述,大陆法系民法的履行辅助人制度具体包括"为履行辅助人负责"的责任问题以及"免责条款对履行辅助人的效力"问题两方面内容。而履行辅助人法律问题的分析对于下文所论述的国际海运承运人之履行辅助人法律问题的解决将起到指导性的基础作用。需要注意的是,虽然履行辅助人在海上货物运输领域的具体形态表现为下文所述的国际海运承运人之履行辅助人,但是经过在海上货物运输法律关系中的嬗变,国际海运承运人之履行辅助人已突破传统民法的履行辅助人制度。这一突破主要表现为国际海运承运人之履行辅助人基于侵权行为向货方承担的侵权责任已和承运人对货方的合同责任统一纳入运输合同的框架内,适用运输法律的特殊规范。而在一般民法领域,债务人之履行辅助人针对债权人的侵权之诉,能否援引合同中的免责条款尚停留在学界探讨的层面,并未形成法律规范进而法定化。因此,国际海运承运人之履行辅助人虽然是民法的履行辅助人在海上货物运输中的发展和运用,但具有不同于民法履行辅助人的特殊性。

第二章

国际海运承运人之履行辅助人的界定及类型化分析

由于受多式联运的发展及集装箱运输革命的影响，国际海上货物运输合同履行的实践中，逐渐产生两种现象：一是承运人责任期间的扩展；二是承运人与实际履行货物运输任务者相分离的现象越来越普遍。这就导致参与整个海上货物运输的主体除承运人和托运人以外，还将包含实际履行货物运输任务的履行辅助人。而存在这一运输过程中的合同也不再限于承托双方所缔结的海上货物运输合同，亦可能存在承运人与其履行辅助人之间的委托合同、雇佣合同、运输合同或租船合同等。在这些层层合同法律关系之下，承运人的履行辅助人若因其过错导致掌管的货物发生灭失、损害或迟延交付，构成对收货人或其他货方的侵权行为时，基于"为履行辅助人负责"和合同相对性原则，承运人对货方的合同之债与履行辅助人对货方的侵权之债将同时存在于海上货物运输的领域范畴。而履行辅助人能否作为合同以外的第三人纳入海上货物运输合同及其适用法律的调整范围，通过海上货物运输法律体系的合理解释以抹平合同之债与侵权之债的历史鸿沟，这对于承运人、履行辅助人以及货方都将产生重大影响。通过分析履行辅助人在国际海上货物运输领域的嬗变和突破，笔者提出在海上货物运输领域引入国际海运承运人之履行辅助人的概念，并对其进行界定和类型化分析，以期为解决我国海运立法中的缺陷和不足提供合理化建议。

第一节　国际海运承运人之履行辅助人在海运立法中的实然考察

几个世纪以来，承运人或通过提单上的记载，或根据国内法和国际公约享受各种疏忽行为的免责和责任限制权利，迫使权利受损的货方不得不绕过承运人，直接对实际履行货物运输任务的履行辅助人提起侵权诉讼以获得充分赔偿。由于受制于合同相对性原则，这些履行辅助人无法享有海上货物运输合同或者提单赋予承运人的责任限制和抗辩权利，而货方也无法对其提起举证责任相对较轻的合同之诉。这一尴尬处境不仅使履行辅助人赔偿责任加重，同时也促使其向承运人索要更高的报酬或者要求承运人补偿其损失而转嫁风险，导致履行辅助人承担的赔偿责任最后往往是由承运人"买单"，承运人依据运输法律原本享有的责任利益"落空"，进而提高运输成本将风险再转嫁给货方。为了保护承运人的责任利益不落空，同时也是对实际履行运输义务、承受特殊风险的履行辅助人的本人利益及货方利益的整体保护，在错综复杂的海上货物运输的法律关系中，承运人以外参与整个海上货物运输过程的相关人员，亟须以一个类似于"承运人"的法律概念加以定义，进而将其纳入海上货物运输法的调整范围，在运输合同的框架内解决其与货方的侵权纠纷。

面对承运人之外参与海上货物运输的辅助人广泛存在并亟须法律规范调整的海运实践，海上货物运输法积极予以回应，各大国际海运公约分别通过"喜马拉雅条款"、实际承运人制度、履约方和海运履约方等制度将更多的运输合同以外的第三人纳入运输法律的调整范畴，赋予其法定的主体资格并予以保护。此外，不同的国家及地区或使用国内的海上货物运输法，或使用国内的民商法，或两者交叉调整与承运人之履行辅助人相关的法律问题，形成不同的立法例，体现不同国家的立法价值和目标，也为构建我国承运人之履行辅助人的法律制度提供参考。至此，国际海上货物运输领域所存在的承运人之履行辅助人已不完全是民法意义上的履行辅助人概念。《汉堡规则》并未将其称为履行辅助人,而是"实际承运人",《鹿特丹规则》也不称其为履行辅助人,而称"海运履约方",以示区别。

一 国际公约中的"喜马拉雅条款"及相关主体

纵观目前规范海上货物运输的国际公约,并不存在"国际海运承运人之履行辅助人"的概念,国际海运公约对承运人一方参与履行运输合同的第三人的调整最初是通过"喜马拉雅条款"①的规定来实现的。

(一)《海牙规则》和《海牙—维斯比规则》阶段②

在《海牙规则》时代,海运实践中出现了旨在赋予承运人以外实际从事运输义务的第三人享有运输合同权利的"喜马拉雅条款"。该条款适用的主体主要是承运人的受雇人和代理人,有的合同还约定该条款适用于港口经营人等独立合同人。第三人依据该条款享有的权利内容为承运人的消极权利——抗辩和责任限制的权利。③ 在此阶段,"喜马拉雅条款"作为合同条款主要存在于提单中,并没有被公约引入进而法定化。

为了避免法律的空白导致司法实践的不统一,"喜马拉雅条款"被《海牙—维斯比规则》吸收和采纳,正式被法定化。④ 其中,条款适用的主体仅是承运人的受雇人和代理人,其他履行运输合同义务的主体如承运人的独立合同人被排除在适用范围之外。这是因为,公约将承运人的责任期间设定为"钩到钩",装前卸后的责任不受公约调

---

① "喜马拉雅条款"源于海运史上的一个真实案例。该案中,在"喜马拉雅号"邮轮上受伤的一名乘客由于船票上的约定无法起诉享有免责抗辩的承运人,转而以侵权为由起诉不受任何合同条款保护的船长和水手长,她最终胜诉。该条款的传统含义是赋予承运人以外的某些人可援引承运人在法律或者提单中的责任限制和抗辩等从属性权利。

② 《海牙规则》,全称为《关于统一提单的若干法律规定的国际公约》,1924 年签订于比利时布鲁塞尔;《海牙—维斯比规则》,全称为《有关修改 1924 年 8 月 25 日在布鲁塞尔签订的统一提单的若干法律规定的国际公约的议定书》,1968 年签订于比利时布鲁塞尔。

③ 在海上货物运输中,依据法律规定或者合同的约定,承运人的权利可分为积极的权利和消极的权利,前者主要指运费请求权、货物留置权等;消极的权利主要指抗辩权和责任限制的权利。参见司玉琢《海商法专论》(第三版),中国人民大学出版社 2015 年版,第 83 页。

④ 参见《海牙—维斯比规则》第 4 条第 2 款的规定。

整。那么，作为具体从事装前卸后业务的港口装卸公司等独立合同人自然也无法受到运输法律的保护。条款涉及的具体内容为：无论以合同或是侵权行为为由，针对承运人的受雇人、代理人提起的诉讼，被告均有权援引公约中承运人的责任限制和抗辩理由。由于针对合同以外第三方提起的诉讼大多数是以侵权为诉讼理由的，因此这一规定对于与托运人没有合同关系的履行辅助人非常重要。然而在实践中，这一规定的适用频率非常低，原因在于适用该条保护的受雇人和代理人在地位上附属于承运人，在经济上依赖于承运人，索赔方很少要求这类履行辅助人承担赔偿责任，即使向其索赔成功，最终的经济损失还是由承运人负担。为了不受责任限制、获得更多的赔偿，索赔方往往是向被条款排除在外的独立合同人提起索赔。在实践中，许多分合同人等独立合同人为规避风险与承运人签订的合同中通常都会含有一条追偿条款，以使对自己提出的索赔最终能由承运人承担。可见，《海牙—维斯比规则》对承运人之履行辅助人的权利保护虽然相比《海牙规则》更进一步，但在"喜马拉雅条款"主体的制度设计上是不完整的，仅仅停留在初级探索阶段。

(二)《汉堡规则》阶段[①]

对于承运人之履行辅助人的相关法律问题，《汉堡规则》在制度设计上可谓是具有创造性的进步。除保留《海牙—维斯比规则》中的"喜马拉雅条款"外，《汉堡规则》创设了"实际承运人"概念，将"受承运人委托执行货物运输或部分货物运输的任何人，包括受委托执行这项运输的其他任何人"纳入到这一直接面临海上风险的履行辅助人——实际承运人范畴之内。公约还对"喜马拉雅条款"作出调整并加以改良，主要表现在适用范围的扩大。首先，公约第10条第2款的规定将"喜马拉雅条款"的适用对象由《海牙—维斯比规则》下承运人的受雇人和代理人扩张至实际承运人的受雇人和代理人。其次，不同于《海牙—维斯比规则》，《汉堡规则》第7条第2款的"喜马拉雅条款"删除了排除独立合同人对条款适用的规定，留下该类主体可

[①]《汉堡规则》，全称为《联合国海上货物运输公约》，1978年签订于德国汉堡。

以适用"喜马拉雅条款"的可能性。对此学界的解释不一，有观点认为，《汉堡规则》的这一变化意味着"喜马拉雅条款"的适用对象已经扩展至港口经营人等独立合同人，这是与承运人的责任期间由"钩到钩"扩大到"港到港"相互联系、紧密配合的。[①] 还有观点认为，此时独立合同人已经成为实际承运人，当然可以享有公约中承运人的抗辩和责任限制等权利，这是"喜马拉雅条款"的变形和发展。[②] 也有学者认为，独立合同人也许可以作为"代理人"而受到保护。[③] 由于在"喜马拉雅条款"适用主体方面存在的争议以及"实际承运人"这一概念在主体范围上的不明确，部分履行辅助人如受承运人委托的港口经营人等独立合同人在《汉堡规则》中的法律地位仍然无法确定，司法实践中的分歧与混乱在所难免。

（三）《鹿特丹规则》阶段

2009年9月23日，《联合国全程或部分海上国际货物运输合同公约》（简称《鹿特丹规则》）在荷兰鹿特丹举行了签署仪式。公约的立法宗旨是在"门到门"范围内建立一个涵盖整个货物运输过程的国际公约。在实践中，国际海运承运人通常是雇人或依赖独立、专业的公司或代理人完成部分甚至全部运输合同义务。这一过程会涉及众多提供职业服务的履行辅助人——海上承运人、内陆承运人、仓储和装卸公司、港内陆运和港间驳运经营人，等等。上文所述的早期公约或未对以上主体进行调整，或仅调整部分辅助人，或虽有涉及但其法律地位不够明确。《鹿特丹规则》并未沿用《汉堡规则》下充满争议的"实际承运人"这一概念，而是创造性地提出履约方和海运履约方的概念以涵盖上述履行辅助人，适应公约"门到门"运输的范围及厘清各种履行辅助人与承运人的关系。在公约中，"喜马拉雅条款"的适用主体也相应地调整为承运人和海运履约方的受雇人。从表面上看，

[①] 娄天骄：《关于喜马拉雅条款及其效力问题研究》，硕士学位论文，大连海事大学，2009年，第5页。

[②] 司玉琢：《海商法专论》（第三版），中国人民大学出版社2015年版，第141页。

[③] 夏元军：《海上货物运输法中"承运人的代理人"之真实身份考察》，《中国海商法年刊》2011年第3期，第65页。

《鹿特丹规则》中可以适用于"喜马拉雅条款"的主体变少了，仅仅局限于受雇人。但由于海运履约方外延范围扩大，诸如承诺履行合同义务的分合同人、受承运人委托从事港口货物作业的港口经营人、实际承运人等承运人之履行辅助人均被公约纳入海运履约方的范畴加以调整，因此海运履约方的创设实际上使《鹿特丹规则》中适用"喜马拉雅条款"主体的范围扩大了。①

综上所述，国际海运公约中"喜马拉雅条款"及相关主体的范围不断扩大。究其原因，多式联运的发展及集装箱运输的革命使承运人的责任期间不断扩张，承运人之外参与海上货物运输的主体被纳入运输法律调整的范围呈现出逐步扩大的趋势。这一趋势意味着在国际公约中需要承担法定义务和赔偿责任的主体也随之增加，而国际公约中"喜马拉雅条款"适用主体的扩大，实际承运人制度及海运履约方制度的产生即是为了适应该种趋势，同时满足承运人以外承担法定责任的主体在配套权利上的需求。另外，国际公约中"喜马拉雅条款"及相关主体范围的扩大，也使货方在增加法定索赔对象，并在合同诉讼中承担较轻的举证责任进而获利的同时，保证承运人一方的责任主体享受运输法律特殊责任制度的保护，从而使船货双方在责任期间扩张、责任主体增多的海运实践中达到利益上的平衡。

二 英美法系和大陆法系国家或地区的立法模式

在国内法领域，在调整国际海上货物运输领域存在的履行辅助人方面，英美法系和大陆法系国家或地区分别经历了不同的法律实践。具体而言，英美法系的调整模式是从判例到立法，而大陆法系的调整模式是从民法到特别法。

（一）英美法系国家的立法模式

在英美国家的司法实践中，"合同相对性原则"作为合同法的基石被严格遵守，但这一原则逐渐造成了一些与公平原则并不相符的情

---

① 王威：《〈鹿特丹规则〉下海运履约方法律制度研究》，博士学位论文，大连海事大学，2011年，第38页。

形,主要表现为涉他利益合同中的第三人是否给予合同权利保护的问题。为避免事实上的不公平,英美国家的法官在具体的判例中,以代理理论、委托理论、信托理论等方法对合同相对性进行突破,从而保护涉他合同中第三人的权利,这些理论和方法被称为普通法中"错综复杂的技术性手法"。① 而这种技术性手段对于承运人之履行辅助人突破承托双方海上货物运输合同的相对性,适用运输法律的保护大有裨益。原因在于,在英美国家的海事审判实践中,除承运人的受雇人、代理人利用传统的"喜马拉雅条款"适用合同责任外,装卸公司、船舶所有人等履行辅助人也会通过代理理论、委托理论、信托理论等技术性方法对"喜马拉雅条款"进行解释,扩大条款的适用范围,使自己责任的确定不再游离于海上货物运输合同的调整之外。然而,不同案件下法官对各种理论的解读并不一致,导致这一做法的法律效果也不尽相同。② 为此,英美国家对包括履行辅助人在内的涉他合同中第三人的调整模式逐渐从判例解释过渡到立法规范,具体表现在:

  英国的 1999 年《合同(第三方权利)法》和美国的 1981 年《合同法重述(第二次)》力图通过将第三人利益合同理论法定化的方式从根本上解决涉他规范有效性的问题,这也为履行辅助人强制适用"喜马拉雅条款",享有海上货物运输合同中承运人的责任限制等权利提供法律依据。特别是美国 1999 年《海上货物运输法》草案即 1999 年 COGSA 草案,通过大胆创新的立法模式明确将承运人之履行辅助人的相关主体纳入调整范围。不同于早期国际海运公约通过"喜马拉雅条款"法定化或者实际承运人制度对承运人之部分履行辅助人进行规范,美国 1999 年《海上货物运输法》草案采取宽泛的"承运人"概念,将本质上属于辅助契约承运人履行合同义务的履行辅助人——海上承运人和履约承运人,与契约承运人并列规范,从而将与货方阵营相对应的所有在海上货物运输中履行运输合同义务、提供运输服务的

---

① 郑志军:《国际海运承运人之履行辅助人责任问题研究》,博士学位论文,华东政法大学,2011年,第73页。
② 有关英美国家在海上货物运输领域对合同相对性突破方面的典型判例和相关立法,笔者将在下一章作出详细陈述。

主体纳入承运人的范畴,统一进行一元式的规定。而以往的国际公约和国内法将承运人及其履行辅助人分别界定并规制的二元式立法常因概念界定不清,致使许多原本就存在和产生于海上货物运输中的责任主体游离于海上货物运输法律之外,①这种弊端在一元式的立法模式下得到最大限度地避免,有利于防止某些区域和环节出现"义务真空",明确各个主体的法律地位,同时也能促进海运市场和谐、有序的发展。虽然该草案未被美国国会通过,但对日后《鹿特丹规则》中海运履约方的制度设计有很大的借鉴作用。

(二) 大陆法系国家或地区的立法模式

不同于英美法系国家通过判例解释的方法对海上货物运输合同以外的涉他第三人加以保护,大陆法系国家或地区主要是通过国内成文法界定的方式对承运人之履行辅助人加以调整,具体模式是从民法到特别法的进阶式调整。即在一般的民事立法中,存在履行辅助人制度的基本理论和立法规范,而作为特别法的海商法则对承运人之履行辅助人作出具体规范和调整,遵循大陆法系"特别法优于一般法"的法律适用传统。以下以德国等相关立法为例予以说明。

作为典型的大陆法系国家,德国首创"为履行辅助人负责"的理论和制度,并在学理上对债务人之履行辅助人的概念进行界定,在立法中对其类型和具体的责任制度作出规定,而我国台湾地区在履行辅助人的民事立法上与德国立法如出一辙。如前文所述,我国台湾地区"民法"第224条的规定效仿《德国民法典》第278条,也将履行辅助人的类型划分为代理人和使用人,唯一不同的是《德国民法典》的分类是法定代理人和使用人,我国台湾地区"民法"则将法定代理人改为代理人。两者在民事立法上的高度一致性导致各自内部专门调整海上货物运输的特别法也具有高度的相似性,并且这种特别法均受制于民法,许多海运履行辅助人的法律地位以及责任规范需要参照民法的相关规定才能加以确认。这与英美国家直接适用判例或者依据国内

---

① 郑志军:《国际海运承运人之履行辅助人责任问题研究》,博士学位论文,华东政法大学,2011年,第80页。

的海上货物运输法规范承运人之履行辅助人的情况不尽相同。

具体而言，在1897年颁布的《德国商法典》（HGB）中，调整海上货物运输承运人之履行辅助人的相关法律问题主要集中第607条。其中，第607条第1款规定："承运人应当对其受雇人和船员的过错如同自己的过错一样负同一范围的责任。"第607a条第2款规定："若因运输合同项下的货物灭失或损害，而对承运人的受雇人或船员提起索赔的，承运人的受雇人或船员可以援引适用于承运人的责任豁免和责任限制。"根据这两款的规定，纳入《德国海商法》①调整范围的承运人之履行辅助人仅限于承运人的"受雇人"（Leute）和"船员"（Schiffsbesatzung）。对于承运人的其他履行辅助人，除实际从事海上货物运输的海上履行辅助人可以适用《德国商法典》第485条关于船舶所有人责任的规定以外，船舶代理人、承运人聘请的独立合同人等既不属于受雇人、也不属于船员的履行辅助人，承运人只能按照《德国民法典》第278条的规定对其负责，履行辅助人本人也不能享受《德国商法典》第607a条第2款赋予受雇人和船员的责任限制权利。2013年4月25日，最新版的《德国海商法》正式生效，其调整的承运人之履行辅助人的范围也有所扩大。根据新法第501条的规定，除了受雇人以外，承运人还应当对船舶公司以及其他从事货物运输的使用人之过错视为自己的过错而负同一范围的责任。② 这里的"其他从事货物运输的使用人"包括新法第509条第1款引入的"实际承运人"。

我国台湾地区"海商法"始创于1929年，此后历经1958年、1962年、1985年、1999年、2000年和2009年多次修订。目前使用的版本为1999年版，在此基础上，2000年和2009年仅针对个别条款予以修订。其中，2000年的修订仅于第76条引入了调整海运履行辅助

---

① 《德国海商法》包含在《德国商法典》（HGB）中。

② 2013年《德国海商法》第501条："The carrier must assume responsibility for any fault or neglect on the part of its servants and of the ship's company to the same extent as if the fault or neglect in question were its own. The same shall apply to fault or neglect on the part of other persons whose services it is using for the carriage of goods."

人的"喜马拉雅条款",成为我国台湾地区"海商法"有关承运人之履行辅助人立法规范的主要体现。根据第 76 条的规定,我国台湾地区"海商法"调整海运承运人之履行辅助人的主体范围限于承运人的受雇人、代理人和从事 8 项港口作业的港口经营人,责任期间为"港到港",对于从事实际运输的海上承运人等其他履行辅助人并未涉及,应适用民法第 224 条关于履行辅助人的一般规定。由于缺乏实际从事运输的海上承运人责任制度方面的规定,航运市场的很多问题只能通过民法加以解决。而《汉堡规则》中的实际承运人制度、美国 1999 年《海上货物运输法》草案中的海上承运人制度则对该类主体明确界定,同时设计了完整的制度链条,其效果在于,如果契约承运人本身破产、存在欺诈等无力赔偿的情况时,有过错的实际从事运输的海上承运人作为另外的索赔对象对货方挽回损失就多一重保障。而我国台湾地区"海商法"下的货方就缺乏这种保障,只能在民法的范围内适用第 184 条、第 188 条关于侵权责任的规定起诉侵权人,承担较重的举证责任。此时实际从事运输的海上承运人因缺乏运输法律下免责和责任限制的权利可能面临全额索赔。

由此可见,对于存在于国际海上货物运输领域的履行辅助人,大陆法系国家或地区所采用的从民法到特别法的交叉调整模式使得一般民法和特别法相互配合,形成系统性。但是,此种模式也可能陷入过分依赖民事法律而忽略特别法之特殊性,从而无法很好地指导海运实践的怪圈。有感于与国际海运公约的差异性对未来海商贸易将产生重大影响,各国和地区的法律均积极借鉴国际海运的先进立法。1999 年版我国台湾地区"海商法"进行的相关修订以及 2013 年新版《德国海商法》均是"立法"机构根据国际海运公约的相关规定而予以修正的产物。如前文所述,前者在 2000 年的修订中正式引入"喜马拉雅条款",使承运人的从属型履行辅助人——受雇人、代理人及独立型履行辅助人——港口经营人被纳入海商法的调整范围,享有与承运人一致的抗辩和责任限制等消极权利,但对实际从事海上运输的海上承运人未作规定,交由国内民法调整,这与《汉堡规则》和《鹿特丹规则》有关实际承运人及海运履约方制度的设计和规定相去甚远。因此，我国台湾地区主管部门于2012年开始启动修改台湾地区"海商法"的研讨活动，将修法提到议事日程。2013年新版的《德国海商法》则是借鉴《鹿特丹规则》的相关规定，以《汉堡规则》为蓝本制定而成。新法对于承运人之履行辅助人的调整范围由旧法的从属型履行辅助人——受雇人、船员扩展至包括实际承运人在内的独立型履行辅助人。可见，为更好地适应国际海运发展的趋势，各国国内法应注重继受国际海事立法的最新成果，将更多从事运输义务的履行辅助人纳入运输法律的调整体系，从而跟上商业发展的步伐并能满足商业活动的需要。

三 我国《海商法》及港口法律的规定

如前文所述，我国民法中关于履行辅助人的相关法律规定主要散见于原《民法通则》《民法典》以及《旅游法》中。其中，《旅游法》虽然明确提及"履行辅助人"这一概念，但也仅仅是作为特别法对旅游业内的履行辅助人进行界定。在学界和司法实践中，针对履行辅助人的讨论主要集中在《海商法》及港口法律的规定上。

（一）《海商法》的规定

《海商法》中与国际海运承运人之履行辅助人相关的法律问题主要体现在第四章，具体包括第51条第12项、第54条、第58条第2款、第60条第1款以及第61条至第64条。根据上述条款，我国《海商法》中与承运人之履行辅助人相关的主体主要包括承运人的受雇人、代理人和实际承运人。其中，根据《海商法》对实际承运人的界定，无论在学界还是司法审判中，实际承运人的范围和外延问题均备受争议。具体表现为：首先，对承运人的"委托"在理解上的分歧，即实际承运人概念中的"委托"一词是否与委托合同同义，如是，只有与承运人具有委托合同关系的主体才能成为实际承运人。其次，对"货物运输"在理解上的分歧，即实际承运人所从事货物运输的范围是仅限于海上位移区段，还是货物从装船到卸船的过程，还是包括货物从接收到交付的全过程，这将决定实际承运人制度是否适用于装卸公司、仓储公司等港口经营人。最后，实际承运人是否必须具有实际履行货物运输行为的分歧，这将影响仅受承运人委托但未实际履行运输行为的分合同人的法律身份。由于实际承运人在定义上存在先天的缺陷和歧义，有关实际承运人外延范围的确定将一直成为困扰我国司法实践的困境。而取消实际承运人的概念，在我国《海商法》中引入国际海运承运人之履行辅助人的概念和制度加以取代，实为解决该困境的良策。由于笔者将在下文详细分析实际承运人与国际海运承运人之履行辅助人的区别与联系，在此不再赘述。

(二) 港口法律的规定

港口是水路运输的枢纽，也是海上运输与陆地运输的连接点，港口经营人对于海上货物运输合同的履行和完成发挥着重要作用。根据我国2010年的《港口经营管理规定》第3条对港口经营人的界定，港口经营人是指依法取得经营资格从事港口经营活动的组织和个人。然而，港口经营人是否可以突破承托双方运输合同的相对性，具有适用承运人免责和责任限制权利的主体资格，在我国目前的法律体系下却处于无法可依的困境。原因在于，我国曾经有三部调整港口经营人制度方面的法律和规定，主要包括2001年的《港口货物作业规则》、2004年的《港口法》以及2010年的《港口经营管理规定》。其中，已于2016年5月起废止的《港口货物作业规则》曾针对港口经营人的民事权利和义务做出有限规定，但对于受承运人委托的港口经营人能否适用承运人的责任限制权利以对抗货方的侵权索赔，这一为学界和司法实务争论的焦点问题并未涉及。而后两部法律和部门规章也仅从行政管理的角度规范港口经营人，并不调整其民事法律关系。因此，有关港口经营人的民事权益纠纷只能适用一般民事法律中的合同法或者侵权法予以解决，一旦承担赔偿义务，其结果只能是全额赔偿。

立法上的缺失导致港口经营人的身份和法律地位之争长期以来成为影响我国司法实践的一大困境，[①] 而在我国海运立法中引入国际海运承运人之履行辅助人的概念和制度，将会成为解决这一困境的理想

---

① 我国学界和司法实践有关港口经营人在法律地位上的不同学说和审判案例，笔者将在下一章具体分析。

方案。原因在于，如果受承运人委托的港口经营人能够被界定为承运人之履行辅助人，根据上文有关免责条款对履行辅助人效力问题的分析，港口经营人援引承运人在运输合同项下的免责和责任限制条款将具备民法上的理论基础。并且，根据下文笔者对国际海运承运人之履行辅助人的界定，其对货方的侵权责任将被纳入海上货物运输强制性法律体系，适用运输法律的特殊调整。因此，如果受承运人委托的港口经营人能够被界定为国际海运承运人之履行辅助人，其将具有适用运输合同中的免责和责任限制条款的法定权利。

综上所述，深受国际海运公约影响的我国《海商法》基本上是以《海牙—维斯比规则》和《汉堡规则》为蓝本制作而成，相关的法律规定并没有民法理论的支撑。而且，由于英美法系用语习惯不同以及法律解释等原因，《海商法》的许多法律条文存在歧义，而《海商法》以外的港口法律、法规在相关立法上的空白则加剧司法实践中的争议和混乱。为在最大范围内将国际海上货物运输领域辅助承运人从事货物运输义务的第三人纳入运输法律的调整范围，明确相关主体的法律地位并加强海上货物运输法的强制性，笔者建议引入国际海运承运人之履行辅助人的概念并将其纳入运输法律的强制性体系，以弥补我国现行海运立法的缺陷和不足。

第二节 国际海运承运人之履行辅助人的界定

在海上货物运输中，早期船方一旦遭遇海上风险则会损失惨重，基于面临的特殊海上风险以及防止船方利用优势地位强迫货方签订不平等合约，国际海上货物运输法对运输合同的干预和限制主要体现在承运人责任的强制性规定上，以期达到船货双方利益的平衡。然而，参与海上货物运输活动的主体并非限于承运人，很多场合下是承运人之履行辅助人实际从事海上运输活动的各个环节，直接与货物运输发生联系，真正承受着海上风险，需要海上货物运输法的强制性保护和规制。如上所述，国际海运公约及各国国内法已尝试对国际海上货物运输领域中的履行辅助人制定特有的责任制度和规范，而对该类主体进行准确的界定则为解决相关法律问题的前提和关键。

一 国际海运承运人之履行辅助人的概念和特征

在国际海上货物运输中，运输合同的主体就是承运人和托运人双方。在这一双务合同中，履行辅助人应包括承运人之履行辅助人和托运人之履行辅助人两种。本书论述的国际海运承运人之履行辅助人是指在承运人的责任期间内，依承运人的意思而参与国际海上货物运输，履行或者承诺履行承运人在运输合同项下有关货物的接收、装载、操作、积载、运输、保管、照料、卸载和交付义务的人。其中，这里的承运人仅指契约承运人，不包括非契约承运人。需要注意的是，如果某一主体分别受承运人和货方的委托从事相同的运输作业，[①] 如港口范围内从事装卸、仓储、理货、短途驳运等业务的港口经营人，与其签订港口作业合同的委托人包括托运人、承运人、出租人、承租人、实际承运人、收货人等，既可以是船方，也可以是货方或者货方委托的货运代理人。当该类主体与货方订立合同并产生法律关系时就不属于本书所界定的国际海运承运人之履行辅助人。

为了表述方便，除非特别限定，下文述及的履行辅助人均指国际海运承运人之履行辅助人，其具体特征和构成条件主要表现为以下五点：

（一）国际海运承运人之履行辅助人是基于承运人的意思介入运输合同的履行

在海上货物运输这一商业活动中，履行辅助人都是依承运人的意思而辅助其履行债务的，因此承运人之履行辅助人一般均属于"使用人"，并不包括"法定代理人"。其中，"承运人的意思"是指在完成海上货物运输任务过程中，承运人利用和使用履行辅助人的样式和方式，具体表现为两种情形：其一表现为承运人与其履行辅助人之间存在某种合同关系，如雇佣合同、委托合同、承揽合同、运输合同、仓

[①] 如前文注释，虽然海上货物运输合同的当事人为承运人和托运人双方，但是随着提单等运输单证的流转，除了托运人，提单持有人和收货人等货方也可能与自己的履行辅助人或者承运人的履行辅助人发生运输业务的联系，产生一定的法律责任。

储合同、装卸合同、租船合同等，这使得履行辅助人会以受雇人、代理人、转包人、承揽人、海运承运人、仓储公司和装卸公司等不同的形态出现，此时承运人之履行辅助人从事的是一种民事法律行为，它的"具体身份"要依据其参与履行承运人运输合同的形式加以判断。其二表现为承运人与其履行辅助人之间仅存在一般的事实关系，履行辅助人辅助承运人履行债务的行为仅是一般的事实行为而非法律行为。此时，履行辅助人不具有设立、变更或终止运输合同权利、义务的意图，仅仅是在履行某一事实行为后，产生运输合同的债权得以清偿、债务消灭、合同终止的法律效果。在国际海上货物运输中，第一种情形较为普遍。

（二）国际海运承运人之履行辅助人是履行或者承诺履行承运人运输合同义务的人

现代社会分工日益细化，民商事领域的履行辅助人为债之履行而再使用他人实属必要，而使用人之使用人同样属于债务人之履行辅助人的范畴。[①] 此种现象在海上货物运输活动中更为普遍，其中，承运人的使用人依承运人的意思直接履行运输合同义务，而依使用人的意思介入运输合同履行的主体——使用人之使用人则为承运人间接履行运输合同义务，两者均为承运人之履行辅助人，与本人是否亲自履行合同义务无关。如一无船承运人以承运人的身份与货主签订一份运输合同，并通过订立分合同的方式将该货物运输全部转给了另一无船承运人，而后者与一海上承运人订立一份合同，最终由该海上承运人实际履行货物运输任务。其中，第二位无船承运人和海运承运人均属于第一位无船承运人的履行辅助人，区别在于，第二位无船承运人属于向承运人承诺履行合同义务的履行辅助人，而海运承运人则属于实际履行合同义务的履行辅助人。

（三）国际海运承运人之履行辅助人的行为内容须与运输合同的义务相关且与货物运输发生直接的联系

由于承运人之履行辅助人基于承运人的意思为其履行运输合同的

---

① 王泽鉴：《民法学说与判例研究》（第六册），北京大学出版社2009年版，第92页。

相关义务，因此履行辅助人的行为内容须与运输合同的义务相关，而运输合同义务的范围将直接影响履行辅助人范围的确定。根据相关国际海运公约和国内立法，承运人在海上货物运输合同项下的义务主要包括运送货物和交付货物这一基本义务，管理货物和管理船舶两项具体义务，以及通知、协助、保护等附随义务。其中，管货义务具体包括妥善而谨慎地接收、装卸载、保管、运输、操作、照料、积载、交付货物。管船义务主要包括使船舶适航和适货、妥善地配备船员、装备船舶等义务。对于负有将货物由一港运输至另一港的主给付义务主体——国际海运承运人而言，它的履行辅助人将在海运航程中的几乎所有环节辅助其完成运输合同的义务，对于整个海上货物运输的顺利进行具有重要意义。

需要注意的是，与民法中的履行辅助人不同，国际海运承运人之履行辅助人的履行辅助行为必须与货物运输发生直接的联系，否则将无法适用海上货物运输法，只能在一般民法领域接受调整。所谓"与货物运输发生直接的联系"是指履行辅助行为必须是从事货物的接收、装载、操作、积载、运输、保管、照料、卸载、交付等管货义务中的某一具体环节。即国际海运承运人之履行辅助人协助或代替承运人履行的合同义务将限定在上述范围之内，而民法中履行辅助人履行的义务内容是债务人全部的合同义务，并没有任何范围上的限定。因此，在海上货物运输中，受承运人委托修理船舶的修船厂、船舶检验机构、编制运输单证的公司等未与货物运输发生直接联系的主体，只能在民法领域具备履行辅助人的身份而不能归属为国际海运承运人之履行辅助人。

而将未与货物运输发生直接联系的行为排除在履行辅助行为之外，笔者认为主要有以下三个原因：第一，未与货物运输发生直接联系的行为往往是第三人为承运人完成海上货物运输的商业活动而提供的一系列辅助服务，与特定的运输合同并未有实质性的联系。如船舶的修理和检验往往是为了船舶的正常运营和保养而为之，很难说是为了某一特定海上货物运输合同的履行而进行，它们是与船舶而非货物的运输直接关联。因此，修船厂和船舶检验机构无法成为国际海运承运人之履行辅助人。第二，如前文所述，海上货物运输法赋予承运人之履行辅助人突破合同的相对性，享有与承运人一致的抗辩和责任限制权利，有利于承运人与履行辅助人在责任上的有效衔接，防止货方绕过承运人而向其履行辅助人提起没有任何责任利益保护的侵权之诉。但是，如果第三人从事的行为与货物运输没有发生直接的联系，就很难构成针对货物的侵权行为，亦不会遭受索赔方的侵权之诉，此时将该第三人纳入运输法律的调整范围适用承运人的特殊责任制度并无必要。例如，在海运实践中，由于修船厂、船舶检验机构的过错行为导致船舶不适航而发生货物的灭失、损害或者迟延交付时，如果基于侵权关系起诉有过错的修船厂或船舶检验机构，货方必须证明修船厂的修船行为和货物损害有直接的因果关系，而这一举证责任对于并不了解船舶内部构造和专业知识的货方而言难度极大，因此，这些与货物并无直接联系的修船厂、船舶检验机构在海运实践中被货方追索赔偿的概率微乎其微，向合同相对方承运人提起违约之诉成为货方赔偿的首选。第三，如前文所述，将国际海运承运人之履行辅助人纳入运输法律的调整范围，原因之一在于其实际履行运输合同义务时将面临和承运人一样的特殊风险，理应享受和承运人一致的法定免责和责任限制权利。但是，受承运人委托的修船厂、船舶检验机构、编制运输单证的公司并没有面临特殊的海上风险或者行业风险，因此并无将该类主体纳入国际海运承运人之履行辅助人的范畴进而享有运输法律特殊保护的必要。

  同样，《鹿特丹规则》在界定"履约方"时也没有简单地将所有履行承运人在运输合同下任何义务的第三人都包括在的概念之内。根据《鹿特丹规则》第 1 条第 6 款第（一）项的规定，履约方是指承运人以外的，履行或承诺履行承运人在运输合同下有关货物接收、装载、操作、积载、运输、照料、卸载或交付的任何义务的人，以该人直接或间接在承运人的要求、监督或控制下行事为限。[①] 联合国贸法会之

  [①] 联合国贸法会的意图是要使本条与第 13 条第 1 款所列各项义务完全一致，但由于抄写上的疏忽造成该法条列举的义务遗漏了一项"保管"（keep）义务。参见［美］迈克尔·F. 斯特利、［日］藤田友敬、［荷］杰吉安·范德尔·泽尔《鹿特丹规则》，蒋跃川、初北平、王彦等译，法律出版社 2014 年版，第 142 页，脚注 324。

所以限定履约方的行为范围，是因为担心过于宽泛的概念可能被解释成也包括那些仅为承运人的商业活动提供一般性辅助服务，而与特定运输合同根本没有任何实质性联系的人。①

（四）国际海运承运人之履行辅助人履行义务的行为发生在承运人的责任期间之内

承运人的责任期间属于海商法特有的制度，一般以承运人的实际参与为前提，即从承运人接受或能够控制货物开始计算。因此，从应然的角度讲，承运人的责任期间与货物的运输期间、承运人的管货义务期间都应以掌管货物为标准，三者在时间范围上应该是一致的，但根据不同的国际公约和国内法对责任期间的不同界定，三者往往并不一致。一般而言，海上货物运输合同期间往往要广于上述三个期间，原因在于海上货物运输合同属于诺成合同，托运人通常在合同生效一段时间后将货物交付给承运人运输，因此，承运人的责任期间、运输期间和管货义务期间的起算点往往晚于运输合同期间的起算点。② 针对承运人责任期间涵义的理解，学界主要存在"应负责任期间说"③"强制责任期间说"④"合同主给付义务期间说"⑤和"运输货物义务的强制适用期间说"⑥，尚没有统一的结论。笔者认为，所谓承运人的责任期间，是指承运人因违反海上货物运输法规定的强制性义务而导致或促成货物的灭失、损坏，为此承运人应依据海上货物运输法承担赔偿责任的期间。国际海运承运人之履行辅助人履行合同义务的行为发生在承运人的责任期间之内，此时履行辅助人的过错判定标准以及具体的法律地位是由海上货物运输法来确定，对于货物索赔方针对履

---

① ［美］迈克尔·F.斯特利、［日］藤田友敬、［荷］杰吉安·范德尔·泽尔：《鹿特丹规则》，蒋跃川、初北平、王彦等译，法律出版社2014年版，第142页。
② 郭萍、高磊：《海运承运人责任期间之研究——兼谈对〈中华人民共和国海商法〉相关规定的修改》，《中国海商法年刊》2011年第3期，第30页。
③ 司玉琢：《海商法专论》（第三版），中国人民大学出版社2015年版，第70页。
④ 尹东年、郭瑜：《海上货物运输法》，人民法院出版社2000年版，第118页。
⑤ 单红军、赵阳、葛延珉：《浅析承运人的"责任期间"——兼谈对我国〈海商法〉第46条的修改》，《中国海商法年刊》2002年第13卷，第51页。
⑥ 吴焕宁主编：《国际海上运输三公约释义》，中国商务出版社2007年版，第35页。

行辅助人提起的侵权等非合同之诉，履行辅助人依据海上货物运输法可以享有承运人的抗辩理由和限制赔偿责任。这样做的原因主要是为了实现承运人基于"为履行辅助人负责"而承担的违约责任与履行辅助人自己责任的协调，① 从而有效降低货物索赔方基于一般民事法律向承运人之履行辅助人提起非合同诉讼以获得更多赔偿额的动机，也防止出现履行辅助人为了降低风险而将提高的作业成本转嫁给承运人，承运人继而通过增加运费向货方转嫁风险的恶性循环。而在责任期间之外、合同期间之内履行承运人运输合同义务的履行辅助人只能以民法中履行辅助人的身份存在，不能归属于国际海运承运人之履行辅助人。

（五）国际海运承运人之履行辅助人应被纳入运输法律的调整范围且有权适用承运人的责任规范

如上文所述，在适用法律方面，责任期间内履行运输合同义务的国际海运承运人之履行辅助人被纳入海上货物运输法的强制性体系，与承运人一样适用运输法律的强制性责任制度，享有运输法律特有的权利和责任限制，承担相应的义务和责任。而责任期间外协助承运人履行合同义务的民法意义上的履行辅助人，其过错的判定标准及其法律地位必须根据民法、合同法、侵权法等一般民事法律加以确定，一般不能适用海上货物运输法的特殊规定。具体而言，由于就海上货物运输合同所涉及的货物灭失、损害或迟延交付，无论货物索赔方对承运人提起的是侵权之诉还是合同之诉，海上货物运输法均规定应在合同的框架下解决纠纷，即诉讼双方应适用海上货物运输合同中的归责原则、举证责任及特殊的抗辩理由和责任限制等规定。② 因此，货物索赔方如果因国际海运承运人之履行辅助人的侵权行为向其请求损害赔偿，也应按照海上货物运输法的规定适用运输合同的责任规范处理二者的关系，而不同于适用一般的侵权法解决民法中的履行辅助人与

---

① SPIER J., *Unification of Tort Law: Liability for Damage Caused by Others*, Leiden: K luwer Law International, 2003: 40.

② 参见《海牙—维斯比规则》第3条、《汉堡规则》第7条、《海商法》第58条和《鹿特丹规则》第4条的规定。

债权人（受害人）之间的侵权损害纠纷。

综上所述，传统的履行辅助人概念存在于大陆法系的民法学说中，国际海运承运人之履行辅助人是这一概念在海上货物运输领域的具体形态。由于海上货物运输行为所面临的特殊风险，海上货物运输合同和法律对于运输主体的责任规范也具有特殊性。因此，历经海上货物运输领域的嬗变，有关国际海运承运人之履行辅助人的责任规范已突破民法的履行辅助人制度，二者在履行义务的内容、履行义务的期间和适用的法律等方面存在一定的区别和差异。特别是债权人针对履行辅助人的致害行为只能提起侵权诉讼，二者的侵权纠纷不能在合同领域解决——这一民法中履行辅助人的侵权责任虽然在"免责条款对履行辅助人的效力"这一理论学说下发生一定的转变，但在海上货物运输领域，国际海运承运人之履行辅助人已被纳入海上货物运输法的强制性体系，其与债权人货方的侵权纠纷将法定适用运输合同的特殊责任规范加以解决。

二　国际海运承运人之履行辅助人与相关概念的比较

在海上货物运输的法律制度中，无论国际公约还是各国国内法均深受英美法系国家立法的影响。按照英美法系法律用语的使用习惯，并没有将辅助承运人完成运输合同义务的主体统一界定为国际海运承运人之履行辅助人，而是按照这些主体履行义务内容的不同分别诠释各自的身份，如《汉堡规则》下的实际承运人、《鹿特丹规则》下的履约方和海运履约方、美国1999年《海上货物运输法》草案中的履约承运人和海上承运人等。这些概念虽然与国际海运承运人之履行辅助人在称谓上不尽相同，但在内涵和外延上与之具有极大的类比性和相似度。

（一）与实际承运人的比较

实际承运人的概念首创于《汉堡规则》，我国《海商法》亦加以适用。[①] 所谓实际承运人，是指接受承运人委托从事货物运输或部分

[①] 参见《汉堡规则》第1条第2项和《海商法》第42条第2项的规定。

运输的人。根据这一概念，学界对实际承运人的外延范围产生争议，主要的分歧在于三点，分别是对承运人"委托"的理解、对"货物运输"的理解以及是否必须具有实际履行货物运输的行为，这些争议和分歧导致实际承运人的范围并不确定，也使实际承运人区别于国际海运承运人之履行辅助人。

首先，实际承运人概念中的"委托"一词是否与委托合同同义，如是，只有与承运人具有委托合同关系的主体才能成为实际承运人。显然，这一结论是片面的，在航运市场中，实际承运人与承运人的关系一般表现为运输合同关系、租船合同关系或者委托合同关系，其中前两项为多数情况。因此，这里的"委托"不能狭义地理解为委托合同关系，笔者将在下文作详细分析。而对于国际海运承运人之履行辅助人而言，其与承运人之间的关系除包括运输合同关系、租船合同关系、委托合同关系以外，还将包括承揽合同、仓储合同、装卸合同等独立合同关系，代理关系、雇佣关系以及合同关系以外的一般事实关系。可见，国际海运承运人之履行辅助人与承运人的关系类型要涵盖实际承运人与承运人间的关系。

其次，实际承运人所从事货物运输的范围仅限于海上位移区段、还是货物从装船到卸船的过程，还是包括货物从接收到交付的全过程？如果是第一种情况，实际承运人仅指实际从事海上货物位移环节的海上承运人。如果货物运输包含装货港装载至卸货港卸载的过程，实际承运人则还要涵盖从事陆上港口装卸作业的装卸公司。而最后一种情况则是从最广义上理解货物运输，实际承运人将港口范围内从事装卸、积载、仓储、短途运输等作业的港口经营人全部涵盖在内。赞同对货物运输的范围进行广义理解的观点实则将港口作业的部分港口经营人纳入实际承运人的范畴，其论据主要有以下三点：第一，《汉堡规则》中的"喜马拉雅条款"[①] 将《海牙—维斯比规则》中有关独立合同人禁止适用"喜马拉雅条款"的内容删除[②]，是因为受承运人委托的港

---

① 参见《汉堡规则》第7条第2款的规定。
② 参见《海牙—维斯比规则》第3条第2款的规定。

口经营人等独立合同人已归属于实际承运人①。而直接借鉴使用《汉堡规则》下实际承运人制度的我国《海商法》，当然也应该对其规定的实际承运人作广义解释。第二，对货物运输的范围和实际承运人的外延进行广义的理解，可将受承运人委托的港口经营人纳入运输法律的调整范围，有利于改变目前国内港口经营人很难通过既有法律限制自己赔偿责任的现状。笔者认为，实际承运人制度是《汉堡规则》为实际从事货物运输，面临海上特有风险的海上履行辅助人量身定做的法律制度。第三，即使承运人的责任期间在《汉堡规则》下延伸至港口，并且公约中"喜马拉雅条款"的适用对象并未排除独立合同人，这些规定并不能推导出受承运人委托的港口经营人包含在实际承运人的范畴之内。从本质上说，实际承运人仅指实际从事货物位移的独立型海上履行辅助人，这也与绝大多数学者的观点以及我国的司法实践相符合。

与此不同的是，国际海运承运人之履行辅助人是指在承运人的责任期间内，依承运人的意思而参与国际海上货物运输，履行或者承诺履行承运人在运输合同项下有关货物的接收、装载、操作、积载、运输、保管、照料、卸载和交付义务的人。因此，国际海运承运人之履行辅助人不仅包括实际从事海上货物位移的实际承运人，在港口区域从事陆上作业的从业者在符合条件的前提下，可以承运人的陆上履行辅助人的身份接受运输法律的调整，从而享受特殊的责任限制权利和抗辩理由，通过对实际承运人概念的扩大解释以达到这一法律效果的做法并不合理。

最后，关于实际承运人是否必须具有实际履行货物运输的行为，在我国学界尚存争议。少数派观点认为，只要某一主体接受了承运人的运输委托，不论其是否实际从事了货物运输，都可以被认定为实际承运人。因为，从《汉堡规则》对实际承运人的定义条款中可以看出，公约对实际承运人的界定强调的是"委托"，即某一主体即使没有实际从事货物运输的行为，只要其接受了承运人的委托则可认定为

---

① 司玉琢：《海商法专论》（第三版），中国人民大学出版社2015年版，第141页。

实际承运人。① 如是，在涉及租船的海上货物运输中，如果某人接受承运人委托后，又再次转委托其他人，则接受委托或转委托的人都是实际承运人，例如多次转租的情形下，中间承租人也是实际承运人。按照此观点，实际承运人包括履行和承诺履行货物运输义务的履行辅助人。多数派观点则认为，对有关实际承运人的定义应解释为实际承运人亲自进行了货物运输。理由是，第一，实际承运人之所以要对货主负责，根本原因在于其掌管货物，而转委托的委托方并不实际掌管货物；第二，如果将转委托情况下的转委托人和受托人均认定为实际承运人，就某一特定阶段的运输就可能出现两个以上的实际承运人，而这些实际承运人之间的责任如何确定法律没有明确规定，会造成法律关系的复杂化；第三，海上货物运输常常牵涉众多中间人（如在系列船舶租赁情况下发生的运输），关于这一系列中间人之间的关系，若要求货主去梳理他们之间的关系，反倒不利于实际承运人的识别，而且可能使索赔诉讼复杂化②；第四，《汉堡规则》尽管在实际承运人的定义条款中仅仅对承运人的"委托"加以强调，但是结合公约第10条第2款的规定，"本公约对承运人责任的所有规定也适用于实际承运人对其所履行运输的责任"，实际承运人也仅在实际从事货物运输的前提下才有承担法定责任的可能性，仅受承运人委托而未实际从事货物运输的中间受托人不应被认定为公约下的实际承运人。③ 从我国的审判实践来看，多数派观点得到了认同。④

笔者赞同将实际承运人限定为实际（亲自）辅助承运人从事货物海上位移任务的独立型海上履行辅助人，如是理解也更符合实际承运

---

① 《汉堡规则》第1条第2项规定："'实际承运人'是指受承运人委托执行货物运输或部分货物运输的任何人，包括受委托执行这项运输的其他任何人。"

② 马晶晶、姚洪秀：《实际承运人的若干法律问题》，《上海海事大学学报》2005年第1期，第86页；郭瑜：《我国海商法中实际承运人制度的修改和完善》，《海商法研究（总第3辑）》，法律出版社2000年版，第158页；王存军：《实际承运人制度研究》，东方涉外律师网：http://www.exlaw.cn/dis.asp?id=1268. 最后访问日期：2007年8月1日。

③ 袁绍春：《实际承运人法律制度研究》，法律出版社2007年版，第72页。

④ 海南通连船务公司与五矿国际有色金属贸易公司海上货物运输纠纷再审案。载《最高人民法院公报》1999年第62期。

人的文义。不同于《汉堡规则》对实际承运人的规定，我国《海商法》对实际承运人的定义条款同时关注"委托"与"从事货物运输"，①承诺履行运输义务的分合同人等未有实际运输行为的主体将被排除在实际承运人的范围之外。而且，即使《汉堡规则》在结合相关条款的情况下也可得出同样的结论。但是，由于国际承运人之履行辅助人是履行或承诺履行承运人运输合同义务的人，被实际承运人排除在外的分合同人等承诺履行运输义务的主体仍可作为国际海运承运人之履行辅助人而受运输法律的特殊调整。

（二）与海运履约方的比较

根据《鹿特丹规则》第1条第6款和第7款的规定，海运履约方②虽然与国际海运承运人之履行辅助人在名称上是两个概念，实际上有密切的联系。海运履约方制度"对于承运人的履行辅助人——实际履行承运人义务的船公司、港区作业装卸公司和海运港站经营人而言，也将提供相应的保护"③。由此可见，海运履约方与本书所界定的国际海运承运人之履行辅助人在主体范围上存在一定的重合部分，以下结合二者的特征和外延予以比较说明。

国际海运承运人之履行辅助人与海运履约方的相同点主要体现在以下三点：第一，二者履行承运人运输合同义务的地域范围均限定在装货港至卸货港的海运区段，这并不同于多式联运经营人或者履约方等涉及沿海、内陆运输区域的主体；第二，二者均是依承运人的意思参与履行运输义务的合同第三人，既非承运人，也非受货方委托或雇佣的人；第三，二者从事的业务内容并非是与海上货物运输合同相关

---

① 《海商法》第42条第2项规定："'实际承运人'，是指接受承运人委托，从事货物运输或者部分运输的人，包括接受转委托从事此项运输的其他人。"

② 海运履约方是履约方的下位概念，它是指"承运人以外的，凡在货物到达船舶装货港至离开船舶卸货港期间履行或者承诺履行承运人在运输合同下有关货物接收、装卸、操作、积载、运输、保管、照料、卸载或者交付的任何义务的人，以该人直接或者间接在承运人的要求、监督或者控制下行事为限"，而"内陆承运人仅在履行或者承诺履行其完全在港区范围内的服务时"为海运履约方。履约方与海运履约方的区别主要在于所从事业务的地域范围不同，前者涵盖的范围已延伸到陆上运输部分，而后者的活动区域仅限定在装货港到卸货港之间。

③ 司玉琢、韩立新主编：《〈鹿特丹规则〉研究》，大连海事大学出版社2009年版，第38页。

的所有义务，而是与货物直接联系的管货环节中的接收、装卸、操作、积载、运输、保管、照料、卸载或者交付环节，这也是《鹿特丹规则》下承运人在海上货物运输中的核心义务。因此，为确保船舶适航修理船舶的修船厂、船舶检验机构以及代表承运人编制各种单证的公司等从事公约列明的核心义务以外的人既不属于海运履约方，也不属于国际海运承运人之履行辅助人。

国际海运承运人之履行辅助人与海运履约方的区别主要体现在外延范围上。具体而言，根据公约对海运履约方的界定，可以归纳出它的外延范围主要包括实际从事货物运输的船公司、船舶经营人等海上承运人，承诺履行运输合同的分合同人，在港区内从事接收、装载、操作、积载、保管、照料、卸载或交付等作业的装卸公司、仓储公司、集装箱货运站和完全在港区范围内履行或承诺履行承运人任何义务的内陆承运人等主体。显然，这些海运履约方同时也属于国际海运承运人之履行辅助人的范畴。然而，对于承运人的受雇人、代理人是否包含在各自的范围内，国际海运承运人之履行辅助人与海运履约方却有着不同的界定。如前文所述，债务人的受雇人、代理人依债务人的意思履行其合同义务时属于债务人的履行辅助人，且属于从属型履行辅助人。同理，在国际海上货物运输中，国际海运承运人之履行辅助人也确定包含承运人的受雇人、代理人。但是，对于承运人和海运履约方的受雇人、代理人是否包含在海运履约方的范围之内，公约并不明确，学界对此也存在不同的观点。

针对承运人和海运履约方的受雇人是否包含在海运履约方之内，肯定说认为，公约第4条第1款（a）、（b）、（c）三项规定了可以援引承运人在公约中的抗辩和赔偿责任限制的主体，该条也被普遍认定为《鹿特丹规则》中的"喜马拉雅条款"。其中第（a）项为海运履约方，第（b）项为船长、船员或者在船上履行服务的其他任何人，第（c）项为承运人或者海运履约方的受雇人。公约第4条第1款（a）项实际上已经包含了（b）、（c）项中的内容，即海运履约方要包含承运人及自己的受雇人及载货船舶的船长、船员，但联合国贸法会仍然将他们列明与海运履约方并列规定在第4条第1款中，目的是确保它们不会在某些不寻常的情况下失去保护。① 例如，货物被海运履约方的雇员损坏，但其工作范围与承运人根据运输合同所承担的义务毫无关系，此时该雇员并非海运履约方，但第4条第1款仍然适用。② 再如，船长或船员可能是承运人的雇员，也可能不是承运人的雇员，公约将其单独列明有利于避免疏漏，无须查明船长和船员的雇佣关系也使其获得相应的法律保护。实际上，公约在制定过程中曾将履约方的受雇人包含在履约方的定义内，但是基于"承运人和雇主应为其受雇人承担间接赔偿责任的原则"，以及索赔方往往不会选择受雇人而是对最大财力的人起诉的司法实践，公约最后并没有将受雇人列入履约方的定义内。③ 否定说的观点则认为，海运履约方并不包括载货船舶的船长和船员、承运人的其他雇员以及海运履约方的雇员。④ 笔者赞同此观点，原因在于，首先，公约将第4条第1款（a）、（b）、（c）三项并列作为"喜马拉雅条款"的适用对象，意味着海运履约方与承运人及自己的受雇人属于并列关系而非包含关系。其次，如果将承运人及海运履约方的受雇人认定为海运履约方，依据公约对海运履约方责任制度的设计，索赔方就可以要求在经济上处于从属地位的受雇人以海运履约方的身份直接承担赔偿责任，这将与公约的立法目的及第19条的规定相矛盾。⑤ 因此，《鹿特丹规则》中的海运履约方并不包括承运人及其自己的受雇人。

对于承运人的代理人，《鹿特丹规则》在制定过程中，曾出现在讨论稿里，但在公约的正式法条中并没有被提及。主张承运人的代理人已被海运履约方包含在内的肯定说认为，按照英美法系对"代理

---

① ［美］迈克尔·F.斯特利、［日］藤田友敬、［荷］杰吉安·范德尔·泽尔：《鹿特丹规则》，蒋跃川、初北平、王彦等译，法律出版社2014年版，第159页。
② ［美］迈克尔·F.斯特利、［日］藤田友敬、［荷］杰吉安·范德尔·泽尔：《鹿特丹规则》，蒋跃川、初北平、王彦等译，法律出版社2014年版，第153页。
③ 吴焕宁主编：《鹿特丹规则释义》，中国商务出版社2011年版，第35页。
④ 邬海莹：《〈鹿特丹规则〉中海运履约方制度研究》，硕士学位论文，南昌大学，2012年，第10页。
⑤ 《鹿特丹规则》第19条第4款规定："本公约规定概不要求船长或船员、承运人的受雇人或海运履约方的受雇人负赔偿责任。"

人"的理解，狭义的"代理人"意指受雇人，广义上理解"代理人"则包括承运人的受雇人和独立合同人。根据上文分析，肯定说认为承运人的受雇人已包含在履约方和海运履约方的范围内，而从事承运人核心义务且业务范围在装货港到卸货港范围内的独立合同人也归属于海运履约方，这意味着履约方和海运履约方已经涵盖了绝大部分承运人的代理人。而运输法工作组第21届会议工作报告与第19届会议拟定的案文相比，有关"履约方"的定义删除了"'履约方'包括履约方的代理人及分合同人的规定"，理由是此句话被认为有重复之嫌，因为其中所列各方已经可以被"履约方"的定义涵盖。因此，尽管公约并未提及承运人的代理人，但是由于大部分承运人的代理人包含在履约方或海运履约方的范围内，相关的法律问题仍然可以在公约范围内得以解决。① 否定说的观点则认为，同将承运人及海运履约方的受雇人纳入海运履约方的弊端一样，如果认为承运人的代理人已被海运履约方的概念所涵盖，则索赔方可直接对承运人的代理人提起诉讼，这与我国等类似国家的国内代理制度并不符合。另外，如果依据前文英美法系对代理人的广义理解，承运人的代理人也并不局限于履行承运人核心义务的海运履约方，对于从事非核心义务的修船厂、船舶检验机构、编制运输单证的公司也应包含其中。② 因此，海运履约方并不能与承运人的代理人画等号。

笔者认为，《鹿特丹规则》创设的海运履约方在本质上属于国际海运承运人之履行辅助人的范畴，而公约对海运履约方法律地位的设定恰恰是履行辅助人对运输合同相对性全面突破的具体表现。尽管根据公约的界定，"在承运人的要求、监督或控制下"行事的主体才能成为海运履约方，但这并非将海运履约方与承运人的关系限定在控制度较高的雇佣关系等从属关系之内。在承运人的要求下，可以自由选择完成合同方式和方法的独立合同人也可以成为海运履约方。而根据

---

① 司玉琢、韩立新主编：《〈鹿特丹规则〉研究》，大连海事大学出版社2009年版，第37页。
② 夏元军：《海上货物运输法中"承运人的代理人"之真实身份考察》，《中国海商法年刊》2011年第3期，第67页。

前文分析，承运人的从属型履行辅助人——受雇人和代理人并不归属于海运履约方，因此，海运履约方应属于承运人的独立型履行辅助人。

（三）与履约承运人和海上承运人的比较

1893年，美国制定了专门调整国内海上货物运输的法律——《哈特法》，这直接导致各国国内海上货物运输法律的兴起以及首部调整海上货物运输的国际公约——1924年《海牙规则》的问世。1936年，美国将《海牙规则》加以修改并入国内法，并结合国内法典的若干法条形成了目前调整国内海上货物运输的法律——1936年COGSA即1936年《海上货物运输法》。为适应社会发展需要，美国参议院于1999年9月24日公布《海上货物运输法草案》即1999年COGSA草案（以下简称草案），对1936年COGSA加以修改。虽然美国1999年COGSA草案并未生效，但是，其中关于承运人之履行辅助人的立法大胆创新，对日后《鹿特丹规则》中海运履约方的制度设计有很大的借鉴作用。笔者现将草案中的履约承运人和海上承运人与本书所界定的国际海运承运人之履行辅助人进行类比，以期为我国如何构建国际海运承运人之履行辅助人的法律制度提供启示和参考。

由于英美法系并没有履行辅助人、债务人、债权人的概念，1999年COGSA草案倾向于采用《海牙规则》的立法技术，将承运人之履行辅助人也纳入承运人的范畴，对承运人作出宽泛的界定。具体表现为草案第2条的规定，承运人包括契约承运人（contracting carrier）、履约承运人（performing carrier）和海上承运人（ocean carrier）三种。其中，契约承运人（contracting carrier）是指与货物托运人签订运输合同的人，与《汉堡规则》《鹿特丹规则》和我国《海商法》中承运人的含义相同。海上承运人（ocean carrier）是指拥有、经营或租用用于海上货物运输的船舶的履约承运人，意指实际从事海上货物运输的主体，与《汉堡规则》和我国《海商法》中的实际承运人相似，在《鹿特丹规则》中则被吸收在海运履约方的范畴内。履约承运人（performing carrier）的外延广泛，包括直接或间接地应契约承运人的要求或受其监督或受其控制而行为的这一范围内，所有履行、承诺履行或组织履行运输合同项下契约承运人的任何义务的人。该人是否为运输合同的一方、是否被列明于该运输合同中、是否负有该运输合同项下的法定义务均非所问。履约承运人不包括货方阵营中的任何人，如托运人或收货人雇佣的人、托运人或收货人雇佣的人的受雇人、工作人员、代理人、承包商或分包商。《鹿特丹规则》中海运履约方的概念实际就是以草案中的履约承运人为蓝本设计制定。

从以上概念可以看出，草案中的海上承运人和履约承运人实为辅助契约承运人履行运输合同义务的国际海运承运人之履行辅助人。二者的区别在于海上承运人和履约承运人在草案中被界定为承运人，从而与契约承运人一起构成宽泛的"承运人"概念。而国际海运承运人之履行辅助人为参与运输合同履行的承运人以外的第三人。另外，有观点认为，不同于《鹿特丹规则》将履约方和海运履约方限定在从事承运人核心义务的范围内，也不同于国际海运承运人之履行辅助人从事的义务仅为与货物运输发生直接联系的行为，草案中的履约承运人包括了所有履行、承诺履行或组织履行运输合同项下契约承运人的任何义务的人。这样，海运履约方和国际海运承运人之履行辅助人所不包括的与货物并没有直接联系的船舶修理厂、船舶检验机构等参与方都在履约承运人的范围内。① 笔者并不赞同此观点，因为，虽然草案对三种承运人的责任是分别进行规定的，例如适航义务由契约承运人和海上承运人负责，履约承运人没有义务保证船舶适航，但是这三种承运人均有管货的义务。② 而船舶修理厂、船舶检验机构等与货物并没有直接联系的参与方是不可能承担管货义务的，因此与国际海运承运人之履行辅助人及海运履约方一样，草案中的履约承运人所从事的义务范围也是有所限定的。

综上所述，国际海运承运人之履行辅助人是民法的履行辅助人在国际海上货物运输领域的具体形态，二者所适用的法律是特别法与一般法的关系，国际海运承运人之履行辅助人辅助承运人履行运输合同

---

① 邬海莹：《〈鹿特丹规则〉中海运履约方制度研究》，硕士学位论文，南昌大学，2012年，第19页。

② 参见美国1999年《海上货物运输法》草案第6条"承运人和船舶的义务"中的规定。

义务时，将被纳入海上货物运输法的强制性体系，与承运人一样适用运输法律的强制性责任制度，享有运输法律特有的权利和责任限制，并承担相应的义务和责任。而《汉堡规则》和我国《海商法》中的实际承运人意指实际（亲自）辅助承运人从事货物海上位移任务的独立型海上履行辅助人，属于国际海运承运人之履行辅助人的类型之一。对于《鹿特丹规则》下的海运履约方，其与国际海运承运人之履行辅助人虽然在名称上是两个概念，但在履行义务的地域范围及从事业务的具体内容等方面基本相同。然而，对于承运人的受雇人、代理人是否包含在各自的范围内，国际海运承运人之履行辅助人与海运履约方却有着不同的界定。由于履约方和海运履约方的概念并没有像履行辅助人制度对履行辅助人作以从属型和独立型履行辅助人的划分，对于承运人的受雇人、代理人这种可明确归属于从属型履行辅助人的主体，其与海运履约方的关系在公约中仍不明确。根据上文分析，笔者认为，海运履约方的身份应为承运人的独立型履行辅助人，并不包括承运人及其自己的受雇人、代理人。而美国1999年《海上货物运输法》草案中的海上承运人和履约承运人实为辅助契约承运人履行运输合同义务的国际海运承运人之履行辅助人，其与国际海运承运人之履行辅助人的区别和联系在于：海上承运人和履约承运人在草案中被界定为承运人，从而与契约承运人一起构成宽泛的"承运人"概念，而国际海运承运人之履行辅助人为参与运输合同履行的承运人以外的第三人；海上承运人和履约承运人的划分与下文提及的国际海运承运人之履行辅助人类型化中的海上履行辅助人与陆上履行辅助人的划分有异曲同工之处，都是以履行辅助人从事业务的地域范围为标准将其划分为海上和陆上两大类主体。

第三节　国际海运承运人之履行辅助人的类型化分析

一　以是否接受承运人的指挥和监督为标准的区分

在海上货物运输中，以国际海运承运人之履行辅助人是否接受承运人的指挥和监督为标准，可将其分为从属型和独立型的履行辅助人。

受承运人指挥和监督的从属型履行辅助人主要包括承运人的受雇人和代理人。在国际海上货物运输中，无论针对船舶的驾驶、管理、引航申请、联系安排泊位等事宜，还是针对货物的保管、照料、联系装卸、积载、检验和办理货物联运中转等各项工作，承运人大多数情况是交由其雇佣人员和代理人员完成。从具体形态上看，作为承运人从属型履行辅助人的受雇人主要指船长、船员等雇佣人员，港口的装卸工人、搬运工等以个人身份受雇于承运人的主体也包含其中。[①] 但是，在某些情形下，船长、船员并不都是承运人的受雇人。情形一，船舶所有人通过船员中介机构为其提供船员配备。此种情况下，船员中介机构与船员、船舶所有人都订有"船员聘用协议"或者"船员劳务合同"，通过这两份合同，船员和船舶所有人之间最终实现劳动力的占有和使用权的让渡。但是，两者之间并不存在直接的雇佣合同，致使他们是否受雇佣关系调整存在争议。[②] 情形二，在定期租船合同下，船舶的船长、船员均是由出租人提供并在其指示下驾驶、管理船舶和处理货物运载等事宜。仅负责船舶营运相关事宜，与船长、船员并无雇佣关系的船舶承租人，其作为承运人是否需要为船长船员的致害行为负责，司法实践和学界对此也存在争议。为了防止在以上情形下承运人的受雇人无法涵盖船长、船员等主体，《鹿特丹规则》中的"喜马拉雅条款"即第4条第1款将（b）项中的船长、船员与（c）项中的承运人或海运履约方的受雇人并列规定，类似的设计同样发生在有关"承运人为其他人负赔偿责任"的第18条的（b）项和（c）项。而1897年颁布的《德国商法典》（HGB）中，第607条同样将受雇人与船员并列规定，以防止因雇佣关系的不成立而影响船长和船员的承运人之从属型履行辅助人的属性。

针对承运人之代理人，如前文所述，大陆法系和英美法系对其理

---

① 受承运人委托的港口装卸公司等独立法人在从事货物装卸等义务时，是以承运人的独立合同人而非受雇人的身份存在的。

② 目前的司法实践对于这种情形下的雇佣关系按照事实合同加以处理。

解不尽相同。英美法系下的代理人从广义上可以泛指任何事实上能够代替他人履行相关职责的人，在范围上远远广于大陆法系下的代理人。而在海上货物运输领域，广义上的承运人之代理人包括承运人的受雇人和独立合同人，但狭义上的代理人仅指承运人的受雇人。因此，确定"代理人"一词是在何种程度上被运用是英美国家理解国际海运公约相关条款的前提，这也是英美国家的法院对《海牙规则》和《海牙—维斯比规则》第4条第2项（q）款中"agents or servants"的范围是否包含港口装卸公司、仓储公司等独立合同人产生多种不同解读的原因。① 同时，《海牙—维斯比规则》第3条第2款将"喜马拉雅条款"的法定适用对象规定为"受雇人或代理人"，但在其后却以括号形式特别注明："该受雇人或代理人不是独立合同人"，从而排除独立合同人可能以代理人身份享有承运人责任限制和抗辩权利的可能性。而《汉堡规则》的"喜马拉雅条款"——第7条第2款同样将承运人的消极权利赋予承运人的受雇人或代理人，但删除了《海牙—维斯比规则》第3条第2款括号中排除独立合同人适用的内容。据此有学者认为，在《汉堡规则》下，独立合同人已属于广义上的承运人之代理人，其理应和受雇人一样享有运输法律的特殊保护。②笔者认为，该种观点对于继受大陆法系传统，对"代理"一词具有不同解释规则的我国国内法并不具有太大的参考价值。在我国，代理人虽然可以独立地进行意思表示，但是，必须在代理权限范围内为被代理人的利益与第三人为法律行为，且由被代理人取得该法律行为的法律效果。③ 因此，在我国，承运人的代理人仅能代理承运人从事法律行为，属于从属型的履行辅助人，不是独立合同人也不属于独立型履行辅助人。

在航运实践中，承运人的代理人主要从事的业务包括船舶进出口手续与货物运输业务、船舶、船员供应及其他服务工作、洽办海事处理、联系海上救助、代办租船和船舶买卖手续等。其中，作为辅助承

---

① 见下文第三章第二节的分析。
② 夏元军：《海上货物运输法中"承运人的代理人"之真实身份考察》，《中国海商法年刊》2011年第3期，第65页。
③ 彭万林主编：《民法学》（第七版），中国政法大学出版社2011年版，第131—132页。

运人完成海上货物运输合同义务的从属型履行辅助人，承运人的代理人具体从事的活动内容包括承揽货物、联系货物装卸、理货、积载、衡量和检验、办理货物联运中转等各项事宜。①

与承运人之间不存在从属关系的独立型履行辅助人，其在履行合同义务时具有较强的自主性，一般仅受与承运人间所缔结的合同的制约，可以自由选择完成合同的方式和方法，独立型履行辅助人与承运人之间属于平等的商务合同关系。独立型履行辅助人与英美法系中独立合同人的概念具有很多相似之处。一般认为，海上货物运输中的独立合同人是在承运人、托运人或其他人的委托下，具备独立的民事权利和义务，能够独立承担民事责任的运输合同当事人以外的民事主体。② 在早期的海上货物运输中，独立合同人主要局限于船舶修理人员、检验人员、罗经校正师等使船舶适航的工作人员。如今，受承运人委托的独立合同人早已不再局限于自然人，具体应包括接受无船承运人委托实际从事海上货物运输的船公司（也可称为海上承运人）、港口的装卸公司、仓储公司、集装箱堆场等港口经营人、为确保船舶适航的修船厂、船舶检验机构等以自己独立身份与承运人订立契约的人。其中，从事的业务内容与货物没有直接联系的独立合同人——修船厂、船舶检验机构不能作为承运人的独立型履行辅助人。由此可见，如果承运人的独立合同人从事自己在独立合同中的义务时，同时也辅助承运人完成其与托运人在海上货物运输合同中与货物直接联系的义务，此时承运人的独立合同人即为承运人的独立型履行辅助人。

在海上货物运输领域，承运人的独立型履行辅助人主要表现为三类主体：第一类是从事海上货物位移的海运区段的履行辅助人（下文所述的海上履行辅助人，亦即狭义的实际承运人）；第二类是受承运人委托从事港口货物作业的港口经营人；第三类是港区范围内从事运输义务的其他履行辅助人（下文所述的除港口经营人以外的陆上履行

---

① 郭萍、袁绍春、蒋跃川：《国际海上货物运输实务与法律》，大连海事大学出版社 2010 年版，第 114 页。
② 韩立新：《〈鹿特丹规则〉对港口经营人的影响》，《中国海商法年刊》2010 年第 1 期，第 36 页。

辅助人）。需要注意的是，如前文所述，"使用人之使用人同样属于债务人之履行辅助人的范畴"。①独立型履行辅助人的受雇人和代理人辅助履行运输合同义务时，也应视为国际海运承运人之履行辅助人，具体类型为从属型履行辅助人，适用承运人的受雇人和代理人在海上货物运输法中的相关规定以确定其具体的法律地位和责任。

二 以作业地域为标准的区分

由于承运人之履行辅助人从事的业务内容广泛，根据其履行具体职责时所处的具体区域的不同，可分为海上履行辅助人和陆上履行辅助人。海上履行辅助人主要包括在船舶上为实际航行提供辅助的船长、船员等承运人的受雇人、海运区段完成货物位移任务的海上承运人、港口经营人中进行接驳作业的驳运公司等在海上作业的主体。由于本书对国际海运承运人之履行辅助人的活动区域仅限定在装货港至卸货港的范围之内，因此，这里的陆上履行辅助人仅限于在港口这一陆地区域内从事货物运输义务的船舶代理人、装卸公司、仓储公司、集装箱堆场等港口经营人、完全在港区范围内作业的内陆承运人等主体。需要注意的是：第一，无论海上履行辅助人还是陆上履行辅助人，它们既包含从属型履行辅助人，也包含独立型履行辅助人。第二，这里陆上履行辅助人从事作业的港口区域是指装货港和卸货港。实践中可以作为陆上履行辅助人的集装箱堆场等主体可能设置在港区范围内，也可能设置在港区以外。那么，在港区内辅助承运人履行合同义务的集装箱堆场等主体因被界定为承运人的陆上履行辅助人适用运输法律的规定，而在港区外从事相同作业的经营主体则因所处地理位置的不同而被界定为一般民法意义上的履行辅助人，在法律地位及责任制度的具体适用上大相径庭，这一现象是否合理则是值得考虑的问题。②然而，从货方的角度看，以港口这一地理上的确定区域为界限和标准，

---

① 王泽鉴：《民法学说与判例研究》（第六册），北京大学出版社2009年版，第92页。
② 林一山：《运送人之确定以及货柜场位于基隆港区外所产生之法律问题——评台北地方法院八十九年度海商字第三一号判决》，《月旦法学杂志》2004年7月，第122页。

将辅助承运人履行运输合同义务的陆上第三人区分为海上货物运输领域的陆上履行辅助人和一般民法意义下的履行辅助人，适用不同的法律规范，在一定程度上有利于避免"喜马拉雅条款"等运输法律下的特殊责任制度被滥用，进而督促相关主体勤勉作业、谨慎行事。①

三 对国际海运承运人之履行辅助人类型化区分的意义

在国际海上货物运输中，对国际海运承运人之履行辅助人予以类型化处理，其目的是使不同形态的履行辅助人在海上货物运输法律关系中的具体权利、义务和赔偿责任更加明确。

首先，以是否接受承运人的指挥和监督为标准，将国际海运承运人之履行辅助人区分为从属型和独立型履行辅助人的意义主要表现在以下两个方面：

第一，按照大陆法系"为履行辅助人负责"的原则，无论从属型还是独立型履行辅助人，承运人均须为其履行辅助行为负责。据此，杨仁寿先生认为从属型履行辅助人与独立型履行辅助人这一海运履行辅助人的传统分类其实并没有实质上的意义。②但是，英美法系国家曾对承运人是否对其独立合同人的过错行为向货方负责发生争议。如前文所述，根据英美法下侵权责任的二元立法，雇主仅对受雇人的职务行为承担侵权责任，对独立合同人的相同行为不负侵权责任。这种二元立法反映在海上货物运输领域，意味着从属型和独立型履行辅助人在与承运人的内部责任关系上是不同的，即承运人为其从属型履行辅助人对货方造成的损害须承担责任，但是，在独立型履行辅助人的情形下则不然。然而，基于公平原则的考量也为了平衡货方的利益，随着一系列判例和学说的支持，这种二元立法在海运实践中也有了例外。如果独立合同人的行为属于英美法上"不可转嫁的义务"（non-delegable duties），雇主仍不能据此免责，例如承运人的适航义务即为

---

① 徐赟琪：《台湾地区海运履行辅助人法律地位研究》，硕士学位论文，华东政法大学，2014年，第37页。

② 杨仁寿：《最新海商法论》，三民书局2000年版，第110页。

"不可转嫁的义务"。可见，英美法系的作法与大陆法系"为履行辅助人负责"的制度殊途同归。

第二，从履行辅助人本人的角度，从属型和独立型履行辅助人的类型化区分更具有意义。因为，这两种类型的履行辅助人在国际海运公约中的法律地位及运输责任的确立和演进是不同的。比较而言，从属型履行辅助人的法律地位比较稳定，从《海牙—维斯比规则》开始一直受传统"喜马拉雅条款"消极权利的保护。而对于独立型履行辅助人，从被明确排除在海上货物运输法的调整范围之外，到突破运输合同的相对性，作为运输法律中独立的责任主体具有类似于承运人的主体地位，从只能利用各种"拟制性法律手段"[①] 享有承运人的免责和抗辩等消极权利，到法定适用承运人的积极权利、义务和赔偿责任的规定，独立型履行辅助人具体责任制度的设置都是不断变化并充满争议的，笔者将在下文详细介绍和分析。

其次，以作业地域为标准将国际海运承运人之履行辅助人区分为海上和陆上履行辅助人，其意义在于，一般而言，海上货物运输法之所以为承运人设定特殊的责任制度，是因为海上货物运输行为这一实践本身会面临海上运输所特有的风险，由此产生了海上货物运输法特殊调整的需要。[②] 换言之，只要参与海上货物运输活动的主体所从事的业务内容和具体行为面临和承运人一样的海上特殊风险时，就会产生海上货物运输法特殊调整的需要。由于海上履行辅助人和陆上履行辅助人在履行职务时是否会遭受海上特殊风险有所不同，这两类履行辅助人是否会受到海上货物运输法的调整及其相应的法律地位在早期的国际海运公约或者国内法中都是不同的。即使由于责任期间的扩大，一部分陆上履行辅助人已被纳入海上货物运输法的调整范围适用运输法律的特殊制度，其与海上履行辅助人在运输法律下的具体权利和义

---

① 在海上货物运输领域，英美法系和大陆法系的国家或地区有利用代理理论、委托理论、为第三方设定利益理论等拟制性法律手段解释"喜马拉雅条款"的传统，目的是使运输合同以外的第三人能够适用承运人的免责和抗辩等权利。

② 郭瑜：《海商法的精神——中国的实践和理论》，北京大学出版社2005年版，第182—183页。

务也有所区别。例如适航义务、船上发生的火灾、海难救助等与海上航程相关的规定只能适用于海上作业的海上履行辅助人，而不适用于作业区域在陆地的陆上履行辅助人。

综上所述，随着相关国际公约适用范围已由"钩到钩"扩展到"门到门"，各种履行辅助人介入、参与履行运输合同的趋势愈加明显，由履行辅助人的行为引起货损而导致的海运纠纷也愈加普遍。因此，各国海上货物运输法以及国际海运公约就辅助承运人完成运输义务的主体类型及其权利、义务和赔偿责任作出了诸多强制且特别的规定，诸如"喜马拉雅条款"的法定化、"实际承运人"制度、"履约方"和"海运履约方"制度、"履约承运人"和"海上承运人"制度等。尽管这些主要是由英美法系国家倡导制定的国际海运公约和国内法中的概念及制度设计，已对大陆法系民法中的履行辅助人制度进行了突破。但是，这些制度在法理上却与履行辅助人制度的原理和基础具有高度相似性。因此，对于我国这样继受大陆法系传统的国家，借用履行辅助人制度的基本原理完善我国相关立法并构建国际海运承运人之履行辅助人制度，实为解决现行立法不足及司法实践所处困境之良策。

第三章

国际海运承运人之履行辅助人的法律地位

承运人制度一直是海上货物运输法的核心内容，相比之下，我国对于国际海运承运人之履行辅助人法律问题的相关研究主要是针对某一种特定类型的履行辅助人如实际承运人、港口经营人而展开，将国际海运承运人之履行辅助人作为海上货物运输领域一个独立主体，完整地考察它在海上货物运输中的法律地位实属罕见。在国际海运实践中，由于非运输合同当事人的承运人之履行辅助人与承运人和货方分别产生不同性质的法律关系，而国际海运承运人之履行辅助人的双重法律地位即是基于不同的法律关系而产生。

第一节 国际海运承运人之履行辅助人双重法律地位的界定

法律地位是法律主体在某种法律关系中所处的位置，以及享受权利与承担义务的资格。[①] 某一法律主体的具体权利、义务和赔偿责任是与其法律地位相匹配的，因此如果法律地位不明确，就无法判断法律主体的权利义务关系，无法正确适用法律确定相应的法律责任，司法实务中的争议就难以妥善解决。而国际海运承运人之履行辅助人的双重法律地位，是指国际海运承运人之履行辅助人在与承运人和货方

---

① 张文显：《法理学》（第四版），高等教育出版社 2011 年版，第 52 页。

的法律关系下，分别享受权利与承担义务的资格。

具体而言，由于国际海运承运人之履行辅助人是指在承运人的责任期间内，依承运人的意思而参与国际海上货物运输，履行或者承诺履行承运人运输合同义务的人。其中，既包括承运人的受雇人、代理人等从属型履行辅助人，也包括海上承运人、港口经营人等独立型履行辅助人；既包括在海运区段从事货物位移任务的海上履行辅助人，也包括在港区范围内从事履行辅助行为的陆上履行辅助人。国际海运承运人之履行辅助人的法律地位就是其所涵盖的具体形态在海上货物运输关系中所享有权利和承担义务的外在表现形式，这种表现形式能够体现其自身的特性和属性。由于在承运人之履行辅助人参与履行海上货物运输合同的业务中，涉及三类主体及三组不同的法律关系，即承运人与货方、履行辅助人与承运人、履行辅助人与货方之间的三组法律关系，具体内容详见图 3-1。

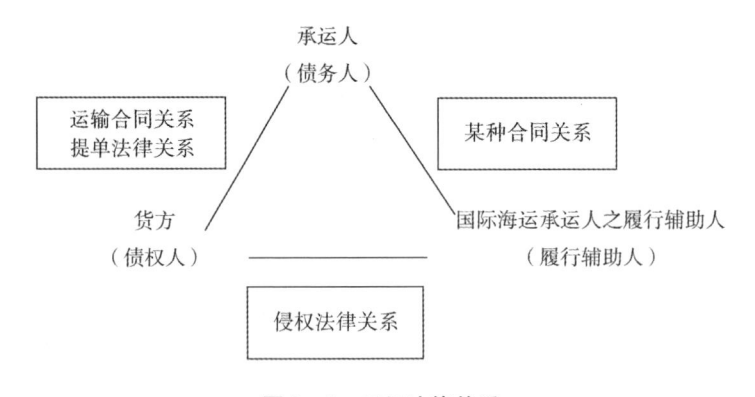

图 3-1 三组法律关系

其中，承运人与货方的运输合同关系或者提单法律关系[①]是另两

---

① 根据前文脚注对货方的界定，托运人、提单持有人和收货人统称为"货方"，是和承运人一方相对应的主体。其中，托运人和承运人之间属于运输合同关系，而收货人、提单持有人与承运人之间并没有订立海上货物运输合同（FOB 下的买方除外）。根据我国《海商法》第 78 条的规定，"承运人同收货人、提单持有人之间的权利、义务关系，依据提单的规定确定。"可见，承运人与收货人、提单持有人之间具有根据法律规定确立的合同关系，并且这一合同关系是因为提单的转让和让与而产生的，因此又可称为提单法律关系。参见郭萍、袁绍春、蒋跃川《国际海上货物运输实务与法律》，大连海事大学出版社 2010 年版，第 227 页。

组法律关系产生和发展的前提和基础，笔者将在下文对后两组承运人之履行辅助人本人所处的法律关系着重分析。因为国际海运承运人之履行辅助人的双重法律地位必须区分这两组不同的法律关系才能做出正确的结论。

第二节 国际海运承运人之履行辅助人与承运人的关系

在上述三组法律关系中，对国际海运承运人之履行辅助人而言，其与承运人之间的关系属于内部法律关系，而与货方之间的关系属于外部法律关系。在内部法律关系中，承运人与其履行辅助人之间的关系类型不尽相同，这直接导致在外部法律关系下，不同类型的履行辅助人面对货方的侵权索赔时，其法律地位也会有一定的差别。当然，基于民法中"为履行辅助人负责"的原则，无论哪种类型的履行辅助人在从事履行辅助行为时造成货方的损害，承运人均应为此承担合同责任，但是，海上货物运输法对此作出了一些例外的规定。

一 关系类型

根据前文对国际海运承运人之履行辅助人作出从属型和独立型履行辅助人的分类，其与承运人的关系也可以划分为具有指挥和监督关系的雇佣关系、代理关系和不具有指挥和监督关系的独立合同关系，后者具体包括独立型海上履行辅助人与承运人之间的独立合同关系以及独立型陆上履行辅助人与承运人之间的独立合同关系。由于笔者在前文对从属型履行辅助人与承运人之间的关系作出过详细分析，在此重点探讨独立型履行辅助人与承运人之间的独立合同关系。

首先，关于独立型海上履行辅助人与承运人之间的独立合同关系。在航运市场中，独立型的海上履行辅助人主要包括海运区段完成货物位移任务的海上承运人（实际承运人）、港口经营人中进行接驳作业的驳船公司等在海上作业的独立合同人。其中，海上承运人与承运人的关系一般表现为运输合同关系、租船合同关系或者委托合同关系，前两者为多数情况。具体表现如下：

第一，在实践中，无船承运人或者多式联运经营人经常以承运人的身份与专门的班轮公司签订海上货物运输合同以完成运输作业，此时班轮公司与无船承运人之间属于承运人与托运人的关系，但在无船承运人与其托运人间的运输合同关系下，班轮公司是以海上履行辅助人的身份而存在。

第二，当无船承运人通过与海上承运人签订租船合同的方式完成海上货物运输时，如果租船合同的类型为航次租船合同，作为船舶出租人的海上承运人实际从事船舶的经营管理，是真正从事海上运输的主体。如果租船合同的类型为具有财产租赁合同性质的光船租赁合同，承租人负责配备船员，享有占有、收益、经营等权利，作为准船东的承租人具有与船舶所有人几乎相同的法律地位。[①] 因此，一般而言，航次租船合同下的出租人以及光船租赁合同下的承租人如果不是运输合同的承运人，即可认为是实际从事货物运输任务的海上履行辅助人。而在定期租船合同关系下，独立型海上履行辅助人的识别则比较复杂。虽然承租人在期租合同下取得了船舶的营运权，并可参与港口范围内的货物装卸、船舶停靠及承担相关费用等事宜，但完成海运区段货物实际位移的主体应为负责配备船员和实际掌控船舶的海上承运人，即船舶出租人。因此，在定期租船合同下，承租人可以成为海上货物运输合同中的承运人，此时从事海上实际运输的人即为承运人的海上履行辅助人。

第三，海上承运人与承运人之间还可能是委托合同关系，此时，海上承运人作为被委托人既可能取得海上履行辅助人的身份，也可能取得承运人之代理人的身份。因为不同于英美法系国家，在我国委托和代理是截然分开的，委托关系下不必然存在代理关系，代理关系也并不必然以委托关系为前提，只有在委托代理的情况下，委托与代理同时存在。航运实务中，承运人与实际承运人之间的确可能存在委托

---

① 郭萍、袁绍春、蒋跃川：《国际海上货物运输实务与法律》，大连海事大学出版社2010年版，第205页。

代理合同，但是非常罕见。因此，作为独立型海上履行辅助人的海上承运人，其与承运人的关系主要表现为运输合同关系、租船合同关系或者委托合同关系。

第四，受承运人委托从事接驳作业的驳船公司，其作为独立型海上履行辅助人，与承运人之间一般存在的是承揽合同关系。但是，如果是受承运人雇佣的驳船人，其与承运人之间属于指挥和监督的雇佣关系，此时驳船人为承运人的受雇人，是从属型的海上履行辅助人。

其次，关于独立型陆上履行辅助人与承运人之间的独立合同关系。如前文所述，独立型陆上履行辅助人主要包括在港口这一陆地区域内从事运输合同义务的装卸公司、仓储公司、集装箱堆场等港口经营人、完全在港区范围内作业的内陆承运人等主体，它们与承运人之间独立合同的类型各有不同。其中，承运人与港口装卸公司存在委托合同关系，与港口仓储公司存在仓储合同关系，与集装箱堆场之间属于保管合同关系，与完全在港区范围内作业的内陆承运人之间属于运输合同关系。

在法律适用方面，独立型履行辅助人中的海上承运人因实际从事海上货物位移的任务，其与承运人的独立合同关系受海上货物运输法律制度的特殊调整，进而在责任期间内享有特别法的权利并负有特别法的义务和责任，具有海上货物运输法律下的主体地位；而从属型履行辅助人以及除海上承运人以外的独立型履行辅助人因与承运人之间的合同属于一般的民事合同，海上货物运输法不能调整它们之间的法律关系，只能适用民法、合同法的相关规定予以规制。

二 "为履行辅助人负责"制度在该领域的具体运用

根据大陆法系传统的民法学说——"为履行辅助人负责"的制度，有债务人之履行辅助人参与履行合同义务的场合下，由于履行辅助人的过错行为导致债权人利益受损，此时履行辅助人的过错视为债务人的过错，由债务人向债权人负责，承担合同责任。这一制度在履行国际海上货物运输合同的场合下，具体表现为承运人为其海运履行辅助人的过错行为负责。通过"为履行辅助人负责"的原则和制度，国际海运承运人之履行辅助人与承运人间的内部关系以及与货方的外部关系达成某种联系，即承运人为其履行辅助人负责而承担的合同责任与履行辅助人基于侵权行为而向货方承担的侵权责任发生重合。① 对于这种重合的结果如何向货方具体承担责任，笔者将在下文有关履行辅助人的赔偿责任部分详细分析。

　　国际海运公约和国内法中符合"为履行辅助人负责"原则的典型规定有，《汉堡规则》第10条第1款有关"承运人应对实际承运人及其受雇人和代理人在他们的受雇范围内行事的行为或不行为负责"的规定，我国《海商法》第60条也作出了类似的规定。《鹿特丹规则》第18条的"承运人为其他人负赔偿责任"的规定，这里的"其他人"包括履约方、船长或船员、承运人或履约方的受雇人以及所有直接或间接在承运人要求、监督或控制下，履行或承诺履行运输合同规定的承运人义务的其他任何人。2013年生效的新版《德国海商法》第501条也规定，承运人应将受雇人、船舶公司以及其他从事货物运输的使用人之过错视为自己的过错而负同一范围的责任。② 另外，虽然《海牙规则》没有承运人"为履行辅助人负责"的明文规定，但是第4条第2项的（q）款为承运人免责事项的兜底条款，根据该兜底条款可以反向推导出承运人要为其代理人或者雇佣人员（agents or servants）的过失行为负责，但航海过失行为和火灾除外。对于列出的"agents or servants"的范围，英国法院的态度是在"不可转嫁的义务"的原则下，认为"agents or servants"的概念应将独立的装卸公司、拖船业者等独立合同人包含在内。在 Heyn and others v. Ocean Steamship Company

---

　　① 由于责任主体不同，承运人对货方承担的合同责任与履行辅助人对货方承担的侵权责任只能发生重合，而非竞合。但是如前文第一章第二节所述，如果承运人基于"为履行辅助人负责"和"雇主责任"的理论为其从属型履行辅助人受雇人的行为向货方承担赔偿责任，此时在责任主体均为承运人的情况下会发生责任竞合的问题。

　　② 2013年《德国海商法》第501条："The carrier must assume responsibility for any fault or neglect on the part of its servants and of the ship's company to the same extent as if the fault or neglect in question were its own. The same shall apply to fault or neglect on the part of other persons whose services it is using for the carriage of goods."

Ltd. 一案中，① 港口装卸公司在港口卸货时货物被卸货工人偷窃，法院认为，该港口装卸公司是承运人在履行其卸货义务时所使用，可以归属于 "agents or servants" 的概念范围内，承运人不能免责。美国法院在 Interstate Steel Corp. v. Crystal Gem. ② 及 Agrico Chemical v. SS Atlantic Forest③ 等案中，也均在"不可转嫁的义务"的原则下，认为承运人应为港口装卸公司及拖船业者的过失所造成的损害负责。学者见解方面，英国及美国学者虽都提及 "agents or servants" 包含从属型及独立型的履行辅助人，但英国学者较保守，针对独立型履行辅助人即独立合同人只提到港口装卸公司一种。④ 美国学者则认为，所有的独立合同人均可包含于 "agents or servants" 的概念内，⑤ 如船级社、造船厂、修船厂等。

从以上的规定分析，在国际海运承运人之履行辅助人与承运人的法律关系下，"为履行辅助人负责"制度在具体运用时需要注意以下三点：

首先，根据"为履行辅助人负责"制度，"履行辅助人的过错应视为债务人的过错"。因此，国际海运承运人之履行辅助人在实行可归责的履行辅助行为时必须存在过错，该过错的判断标准应以承运人在海上货物运输法或者运输合同中的过错判断标准为依据。由于承运人在海上货物运输中的免责规定和抗辩理由同样适用于国际海运承运人之履行辅助人，因此，如果履行辅助人的履行辅助行为没有过错或者符合免责的规定，承运人无须为其行为向货方承担合同责任。

其次，在履行国际海上货物运输合同的场合下，"为履行辅助人负责"制度中的履行辅助人不仅包括国际海运承运人之履行辅助人，也将包括一般民法意义上的、不在运输法律调整范围的履行辅助人。

---

① [1927] 27 Lloyd's Rep. 334.

② 1970 AMC 617.

③ 1979 AMC 801, 812.

④ Thomas Gilbert Carver, *A Treatise on the Law Relating to the Carriage of Goods by Sea* (7th ed.), Gale: Making of Modern Law, 2010: 383, 402, 542, 563.

⑤ [加] 威廉·台特雷：《海上货物索赔》，张永坚、胡正良、傅廷中等译，大连海事大学出版社 1993 年版，第 519 页。

如前文所述，国际海运承运人之履行辅助人所从事的运输合同义务仅限于与货物直接联系的属于管货环节中的义务，受承运人委托编制运输单证的公司、修船厂、船舶检验机构等独立合同人不在国际海运承运人之履行辅助人的范畴内，但属于民法中的债务人之履行辅助人。基于"为履行辅助人负责"的原则，其过错行为所造成的货方损害承运人仍要承担责任。这也可以解释为什么《鹿特丹规则》仅将履行运输核心义务的海运履约方纳入其强制责任制度体系，而"承运人为其他人负赔偿责任"的规定中却包含了海运履约方以外的其他主体，即使这些主体不能如海运履约方般可以适用承运人的责任规定。因为国际海运承运人之履行辅助人和一般民法意义中的履行辅助人虽然适用不同的法律，但是，在"为履行辅助人负责"的原则下，承运人为其过错行为须向货方承担责任的结果却是一样的。

最后，在履行国际海上货物运输合同的场合下，海上货物运输法作出了一些与"为履行辅助人负责"制度不符的例外规定，其中之一就是航海过失免责和火灾过失免责。"航海过失免责"是由美国《哈特法》首创的一项海商法特有制度。具体是指在海上货物运输中，船长、船员或承运人的其他受雇人因驾驶船舶或者管理船舶的过失造成了货物的灭失或损害，承运人可以免责。但承运人本人存在过失造成货方损害的，承运人不能免责。由于早期的经贸发展和航海技术水平有限，船长、船员等受雇人很难对一些海上风险作出准确的判断，因此《海牙规则》和《海牙—维斯比规则》这些早期国际海运公约都确立了航海过失免责的制度，构成"为履行辅助人负责"原则或者雇主责任在海上货物运输领域的例外，也使承运人向货方承担的责任制度成为"不完全过失责任制"。随着运输行业的不断发展，"因航技过失免责在实务中很难被成功抗辩过，且已过时"，[①] 取消该项免责的呼声日渐高涨，最终《汉堡规则》和《鹿特丹规则》均取消了"航海过失免责"，使承运人责任成为真正的过错责任制。同航海过失免责一样，《海牙规则》和《海牙—维斯比规则》都将火灾作为承运人免责事项

[①] CMI, YEARBOOK 2001, p. 299; p. 300.

之一。但这里的"火灾免责"仅限于承运人以外的主体如船长、船员等履行辅助人导致的火灾承运人可以免责，由于承运人本人过错导致的火灾不能免责。这种背离"为履行辅助人负责"原则和雇主责任的两分法规定在《汉堡规则》下得以改变，第5条第4款规定，无论是承运人本人，抑或是其受雇人或代理人的过失或疏忽引起的火灾，承运人均须承担由此引起的货物灭失、损坏或延迟交付而产生的赔偿责任。《鹿特丹规则》虽然表面上保留了"火灾免责"，并且在适用原因上不加任何限制，但如果索赔人能够举证证明火灾是由承运人本人或者其履行辅助人的过失导致，承运人不能免责。并且，这里的火灾仅限于"船上发生火灾"（fire on the ship），不包括其他地点如港口内发生的火灾。

海上货物运输法作出的与"为履行辅助人负责"制度不符的另一例外规定主要表现在，如果承托双方在订立的运输合同中已经明确约定，由承运人以外的某一履行辅助人完成海运航程中某一特定区段的运输义务，并对掌管货物期间所造成的货物损害自负其责，此时，承运人不再向货方承担责任，索赔方只能向造成货损的承运人之履行辅助人追究责任。此种约定并不是对承运人在海上货物运输法中"最低限度的义务和最大限度的免责"的违背，因为此种约定已经构成了承运人与货方协议的一部分，法律是承认其效力的。① 我国《海商法》第60条第2款亦作出了类似的规定。而根据2013年《德国海商法》第512条有关"不同协议"的规定，承运人为其受雇人、船舶公司②等履行辅助人的过错行为而负责的情况、承运人因为航海过失或者火灾、船上爆炸而承担责任的情况均可以通过个别协议的方式或者合同

---

① 傅廷中：《实际承运人的法律地位及其与承运人的责任划分》，《世界海运》1996年第6期，第47页。
② 此处为2013年《德国海商法》第512条的英文翻译而来："1. That the carrier is not responsible for any fault or neglect on the part of its servants or of the ship's company, in so far as the corresponding damage was caused in the course of steering or otherwise operating the ship, or was caused by fire or explosion on board the ship and the measures taken were not predominantly for the benefit of the cargo."

预先印制条款（pre-worded terms）的方式加以排除。① 但是，这种通过约定的方式排除承运人基于"为履行辅助人负责"而承担责任的做法并不被《鹿特丹规则》所允许，相比之下，我国《海商法》和2013年《德国海商法》赋予运输合同当事方享有更大的合同自由。

第三节 国际海运承运人之履行辅助人与货方的关系

一 事实上的侵权关系

由于国际海运承运人之履行辅助人与货方之间并不存在直接的合同关系，在履行辅助人控制货物的阶段，如果因其过错行为导致货物的灭失、损坏或者迟延交付，货方既有可能以违约为由直接向承运人提起违约之诉，也有可能以侵权为由向行为人履行辅助人提出侵权索赔。而在侵权之诉中，履行辅助人与货方是基于侵权法律关系被联系在一起的。由于索赔方承担的举证责任和获得的赔偿金额在侵权之诉和违约之诉中大相径庭，因此选择对己有利的诉因对受害人至关重要。

从举证责任上看，作为索赔方的提单持有人一般仅凭清洁提单的表面记载和实际收取货物的数量、质量上的损失，就可以以承运人未尽合同约定义务为由，向承运人主张合同权利。但是在侵权之诉中，这种情形则尚不能满足证据法上的举证要求。根据民法上侵权责任的构成要件，侵权行为人只有在有侵权事实、损害结果、侵权事实与损害结果有因果关系时才承担民事责任，因此提单持有人必须证明其所遭受的经济损失系承运人之履行辅助人的侵权行为造成。在海事审判实践中，这种举证责任的分担对于索赔方而言有很高的要求，也存在着很大的风险。因为，一般情况下，要证明货物的损失确系承运人之履行辅助人的过错行为造成，对于远离海洋、不接触运输的货方来说，无疑有登天之难。侵权之诉对被诉的履行辅助人而言同样是种不利益，原因在于，受制于合同相对性原则，履行辅助人无法享有承运人与托

---

① 王彦：《德国海商法的改革及评价》，《中国海商法年刊》2015年第2期，第79页。

运人间海上货物运输合同或者提单赋予承运人的责任限制和抗辩权利。这一尴尬处境不仅使履行辅助人的赔偿责任加重，同时也促使其向承运人索要更高的报酬或者要求承运人补偿其损失而转嫁风险，这样的结果最终将导致承运人在海上货物运输中责任限制权利的落空。

鉴于侵权之诉的复杂性和结果的不确定性，在海运实践中，利益受损的货方一般会选择向承运人提起举证责任较轻的违约诉讼以获得赔偿，但是这种选择也无法使货方获得充分救济。因为，实践中可能会出现契约承运人所处地点不定或者经营困难、无力赔偿的情况。此时，如果能在运输合同范围内，将国际海运承运人之履行辅助人也列入索赔对象，不仅使相对处于弱势地位的货方增加索赔的途径，违约责任下较轻的举证责任也有利于其索赔成功。而基于权利和义务相一致的原则，国际海运承运人之履行辅助人在运输合同范围内承担责任的同时，也应受运输合同和运输法律的特殊保护，如享有"喜马拉雅条款"赋予的消极权利等。因此，对于可能遭受侵权责任全额索赔的履行辅助人而言，将其纳入运输合同的调整范围，运用海上货物运输的合同法律关系解决其与货方之间的侵权纠纷，同样属于极大的利益。

二 合同相对性原则的突破在该领域的体现

如上文所述，受制于合同相对性原则，国际海运承运人之履行辅助人无法享有承运人与托运人之间的海上货物运输合同或者提单赋予承运人的责任限制和抗辩权利，这对于真正履行承运人运输合同义务的履行辅助人而言显然是不公平的。同时，这也意味着货方依据海上货物运输合同向承运人索赔和依据侵权法律关系向承运人之履行辅助人索赔会出现不同的结果，这也不利于海上货物运输中法律关系的稳定。因此，需要将运输合同的效力向承运人和托运人以外的第三人加以扩展，使有关承运人责任的一些强制性规定适用于国际海运承运人之履行辅助人。认可这一做法的最大障碍是合同相对性原则，而这一做法本身即为合同相对性原则的突破。对于合同相对性原则的突破，依据第三人进入合同法律关系方式的不同，可分为合同约定的突破和法律直接规定的突破两种类型；依据突破内容的不同，可分为合同主体的突破、合同内容的突破和合同责任的突破三种类型。在海上货物运输领域，"喜马拉雅条款"、实际承运人制度、海运履约方制度等一系列约定或者法定的特殊制度一再使合同以外不同形态的第三人在合同内容或者合同责任方面进行突破，而履行辅助人制度中"免责条款对履行辅助人的效力"的理论基础或许可以成为解释该种现象的最佳依据。

（一）合同相对性原则在该领域的一般性突破

运输业历来是合同相对性原则被突破的一个典型行业，因为运输合同属于涉他合同，履行运输合同的过程就是合同当事人与一个甚至多个非缔约方的第三人相关联的过程，这一过程会产生很多涉他利益，如果严格遵守合同相当性原则将会给商业实践和实务带来诸多负面影响，不利于交易公平和安全。特别在国际海上货物运输领域，从货方的角度看，为了满足国际贸易实践的需求，除运输合同的当事人托运人以外，作为卖方的发货人以及作为买方的收货人和提单持有人，也逐渐被纳入海上货物运输合同法律之中。《鹿特丹规则》中的单证托运人制度和控制权制度、《汉堡规则》和我国《海商法》下的实际托运人制度以及收货人和提单持有人制度就是通过法律直接规定的方式使合同相对性原则在托运人一方予以突破的具体表现。而从船方的角度看，对运输合同主体扩张的诉求更为明显。因为，与托运人直接订立运输合同的承运人，经常将其承担的合同义务委托给他人履行，例如委托港口装卸公司、仓储公司完成运输过程中的装卸、搬运、仓储等具体环节，甚至最核心的实际运输环节也经常由分合同人履行。基于行业的特殊性和风险性，海上货物运输合同往往赋予承运人享有特殊的权利保护和抗辩理由，如责任限制、抗辩权、免责事项、诉讼时效等。那么，上述承运人以外的涉他第三方能否适用运输合同下这些约定条款的保护，同时是否需要承担相应的合同义务和责任，这就是海上货物运输领域合同相对性原则在承运人一方进行突破的问题。一般而言，可以对海上货物运输合同的相对性进行突破，适用运输合同关系、提单法律关系以及海上货物运输法的承运人一方主要是指基于承运人意思参与履行运输合同义务的国际海运承运人之履行辅助人。

笔者依据对运输合同内容突破程度的不同，可区分为从属型履行辅助人的突破与独立型履行辅助人的突破。其中，独立型履行辅助人对合同相对性的突破经历了一系列的沿革和演进，在此范围内还可区分为海上承运人的突破、港口经营人的突破以及其他独立型履行辅助人的突破。

（二）从属型与独立型履行辅助人对运输合同内容的不同突破

从属型和独立型履行辅助人与承运人的关系分别是受指挥和监督的从属关系以及平等的独立合同关系。对于承运人而言，前者具有从属性，后者则具有独立性。对于货方而言，从属型履行辅助人仅对运输合同的内容进行了有限的突破，即享有"喜马拉雅条款"的保护，适用承运人在责任限制和抗辩理由方面的消极权利。

而独立型履行辅助人所突破的合同内容并没有局限于此，并且随着突破程度的不断扩大，独立型履行辅助人逐渐形成类似于承运人的法律地位。国际海上货物运输法关于承运人之履行辅助人责任的设定，也从一开始仅限于抗辩和责任利益的消极权利发展到具备消极权利、积极权利、法定义务和赔偿责任的比较完整、独立的责任体系。因此，尽管从"为履行辅助人负责"的角度看，独立型履行辅助人与从属型履行辅助人的区分并无意义，但就国际海运承运人之履行辅助人本人的法律地位而言，海上货物运输法律制度一直对这两种类型的履行辅助人予以区别对待。而哪些主体可以成为独立型履行辅助人从而被纳入突破海上货物运输合同内容的主体范围，一直是学界和司法实践研究的重点和焦点。笔者将在下文对独立型履行辅助人中不同主体对运输合同内容的不同突破分别加以阐述。

首先，有关海上承运人对运输合同内容的突破。尽管海上货物运输涉及海上和陆地两个部分，海上货物运输法对于这两个部分的履行辅助人是否加以调整及其相应的权利、义务和赔偿责任却是不同的。一般而言，国际海运公约和国内外的海上货物运输法对于运输合同的主体突破至作为海上履行辅助人的海上承运人已经达成共识，并不存在争议。原因在于：第一，从应然的角度看，由于海上航运自古以来的高风险，海上货物运输合同往往通过制定免责抗辩权、危险货物处置抗辩权、责任限额等在内的特殊规则以保护承运人,而真正承受海上特殊风险的海上承运人理应同承运人一样享有相同的合同权利。第二,从实然的角度看,作为直接面临海上航运高风险的海上承运人,虽然与托运人没有直接的运输合同关系,缺乏签署合同的形式要件,但是,海上货物运输法早已将其纳入强制性体系规范,适用承运人的相关责任制度。《汉堡规则》和我国《海商法》均规定,"对承运人责任的规定,适用于实际承运人"。有学者认为,该法条仅表明实际承运人(海上承运人)适用的是承运人的法定责任,而不是运输合同关于承运人的责任,因此并不构成对合同相对性原则的突破。① 笔者认为,承运人的法定责任是对运输合同当事人合同责任的法定化,实际承运人(海上承运人)适用承运人责任的法律规定即是海上货物运输法通过法定的方式在承运人一方对运输合同相对性进行了突破。因此,实际承运人(海上承运人)与托运人之间属于准合同关系。同理,《海商法》第78条第1款规定:"承运人同收货人、提单持有人之间的权利、义务关系,依据提单的规定确定。"提单是运输合同的证明,这表明承运人与托运人以外的货方建立了准合同关系,并通过法定的方式规定下来,属于海上货物运输法对运输合同相对性在托运人一方进行了突破。据此,承运人与收货人、提单持有人等货方具有了准合同关系,而与承运人承担一样的责任的实际承运人(海上承运人)也因此与包括托运人、收货人和提单持有人的货方均建立了准合同关系,② 完成了对运输合同相对性的突破。与海上承运人不同,港口经营人对运输合同内容的突破经历了一系列的变革并充满争议。

其次,有关港口经营人对运输合同内容的突破。港口经营人最初介入运输合同的涉他性法律关系,实现对运输合同内容的突破是以合同条款的形式实现的,且仅限于受承运人委托的港口经营人。20世纪50年代,承运人在运输合同或者提单等运输单证中将作为合同条款的

---

① 王立志:《论实际承运人的法律地位》,《中国海商法年刊》2007年,第129页。
② 司玉琢:《海商法专论》(第三版),中国人民大学出版社2015年版,第134页。

"喜马拉雅条款"进行改良，如添加"循环赔偿条款"①等方式，使享有承运人抗辩和责任限制消极权利的主体从承运人的受雇人、代理人扩大至独立合同人——装卸公司等港口经营人。各国对该条款的效力认同有所不同，港口经营人等独立型陆上履行辅助人在海上货物运输中能否适用运输法律的特殊制度并不确定。

在英国"Midland Silicones"②一案中，当装卸工人试图援引运输合同中的"喜马拉雅条款"而主张承运人的单位责任限制时，枢密院大多数法官以该主张违背合同相对性原则而予以否定。丹宁勋爵在此案中持少数派意见，他认为如果坚持合同相对性原则会导致货主能通过起诉装卸工人而逃避运输合同中的免责规定和《海牙规则》中的责任限制，那么这将成为"我国商法中的一个严重缺陷"。③ 英国法上首次认可港口经营人可以突破合同相对性原则进而享有承运人的合同权利是在"The Eurymedon"④一案中。该案被告装卸工人在卸载货物时由于疏忽造成货损，于是试图援引承托双方运输合同中的"喜马拉雅条款"，枢密院以微弱多数支持了该主张，认定"喜马拉雅条款"的有效性。此后，"The Eurymedon"案所确立的用代理理论解释和判定合同相对性能否突破的原则在"The New York star"⑤案等判例中得到一再认可。英国在1999年颁布了《合同（第三方权利）法》，通过立法的形式肯定了"第三人利益合同理论"，根据该理论，合同可以赋予第三方消极权利。因此，"喜马拉雅条款"赋予港口装卸公司等港口经营人完全或部分责任限制的合同权利只要符合法定条件即是有效的。

---

① 典型的"循环赔偿条款"规定为："货方保证不向承运人的代理人、受雇人或分合同人或他们所拥有的船舶，就与货物有关的责任向上述人员提出索赔。如果一旦提出索赔，货主将赔偿承运人因此受到的一切损失。"后面还可附加关于承运人的受雇人、代理人和分合同人从有关承运人的条款中受益的内容，实则另加了一个"喜马拉雅条款"。
② Midland Silicones v. Scruttons [1961] 2 Lloyd's Rep. 365.
③ 娄天骄：《关于喜马拉雅条款及其效力问题研究》，硕士学位论文，大连海事大学，2009年，第11页。
④ The Eurymedon [1974] 1 Lloyd's Rep. 534.
⑤ The New York star [1980] 2 Lloyd's Rep. 317.

在美国法下，早期的法院判决对提单中的"喜马拉雅条款"做了广义的解释，许多的判例都承认了"喜马拉雅条款"的效力及于港口经营人。例如，在"National Federation of Coffee Growers of Colombia v. Isbrandtsen Co."① 和"U. S. v. The South Star"② 这两个判例中，法院判决装卸公司、船舶代理都可以享有承运人在运输合同下一年诉讼时效的权利，即使提单中没有明确的约定。转折点发生在1959年美国著名的Herd案，③ 在该案中，美国最高法院认为，装卸公司虽然履行了提单下承运人的部分义务，但是它既不是运输合同的当事人，运输合同也没有约定装卸公司可以受益，即从提单记载的"喜马拉雅条款"中无法推敲出运输合同当事人有限制装卸工人赔偿责任的意思。因此，基于"第三人利益合同"的理论，装卸公司援引责任限制权利的主张不能被认可。至此，美国法院在以"第三人利益合同"作为理论基础解释"喜马拉雅条款"的同时，对该条款效力的认定和适用范围趋于严格。美国1981年的《合同法重述（第二次）》则从立法的角度肯定了第三人利益合同理论，"喜马拉雅条款"的有效性也因此具有了法律基础。但是和英国的立法相比，美国的第三人利益合同制度更为严格，港口经营人等第三人依据该法案的规定主张运输合同的权利更为困难。然而，如前文所述，美国1999年《海上货物运输法》草案将承运人分为三类，分别是契约承运人、履约承运人及海上承运人。其中履约承运人几乎将承运人的所有履行辅助人都涵盖其中，这其中当然也包括装卸公司、仓储公司等港口经营人。可见，美国1999年《海上货物运输法》草案通过法定的形式使受承运人委托的港口经营人对运输合同的内容进行了突破。

在德国，由于存在劳动法上的判例、学说所确立的"劳动者解放请求权"理论，有关免责条款对第三人效力问题的探讨较之其他大陆法系国家更多一些。对于合同当事人在合同中明示免责条款的效力及

---

① National Federation of Coffee Growers of Colombia v. Isbrandtsen Co. 1957AMC1571 (N. Y. Supr. Ct. 1957).

② 1953 AMC 1304.

③ Herd & Co. v. Krawill Machinery Corp. 1959 AMC 879 (1959).

于第三人的约定，德国法与英美国家的做法一样，一般承认其效力。但是对于受承运人委托的港口经营人能否适用承运人在运输合同中特殊制度的问题，《德国海商法》在修改前后的规定截然相反。根据1897年《德国商法典》（HGB）第607条的规定，享有承运人的抗辩和责任限制消极权利的主体仅限于受雇人和船员，而2013年新版《德国海商法》将这一适用主体的范围扩大至实际承运人，而实际承运人的外延将包含装卸公司等港口经营人。可见，2013年生效的《德国海商法》将运输合同主体突破的边界延伸至港口经营人。

我国台湾地区"海商法"也通过第76条将旨在给予承运人之履行辅助人消极保护的"喜马拉雅条款"法定化，其中第76条第1款的适用对象为承运人的从属型履行辅助人——受雇人和代理人，第2款则赋予从事"装卸、搬运、保管、看守、储存、理货、稳固、垫舱"业务的港口经营人以单位责任限制的权利。

国际公约方面，《海牙—维斯比规则》及《汉堡规则》并没有明确港口经营人的法律地位。其中，《海牙—维斯比规则》明文规定对于"喜马拉雅条款"的适用范围并不涵盖独立合同人，而《汉堡规则》下的实际承运人制度由于外延范围的不确定，港口经营人在公约中的法律地位也存在很大的歧义。国际公约中有关港口经营人法律地位的规定主要体现为1991年《港站经营人赔偿责任公约》的相关规定及《鹿特丹规则》的海运履约方制度。其中，1991年《港站经营人赔偿责任公约》并未区分委托港口经营人从事港口作业的是承运人还是货方，而是将港口经营人视为与承运人类似的独立主体，具有类似于承运人在运输法律中的主体地位，成为首个在国际公约范围内明确赋予港口经营人以责任限制权利的专门立法，但是至今尚未生效。而《鹿特丹规则》则成为首个将受承运人委托的港口经营人纳入运输法律调整的国际海运公约，这对于结束港口经营人在早期国际海运公约中摇摆不定的尴尬地位起到巨大的作用。

最后，其他独立型履行辅助人对运输合同内容的突破。除去海上承运人、受承运人委托的港口经营人以外，承运人的独立型履行辅助人还包括在港区范围内从事陆上运输的内陆承运人。这里的内陆承运人是指完全在港区范围内履行或者承诺履行承运人运输义务的公路运输、铁路运输和内河运输的承运人,如果内陆承运人仅有部分业务位于港区范围内时,其不能成为国际海运承运人之履行辅助人而受运输法律的调整。将这一主体纳入可以突破海上货物运合同的主体范围始于《鹿特丹规则》的海运履约方制度。根据公约对海运履约方的界定,"内陆承运人仅在履行或者承诺履行其完全在港区范围内的服务时方为海运履约方"。由于海运履约方已实现了对承托双方运输合同的全面突破,因此包含其中的内陆承运人也可以成为对运输合同突破的主体之一。根据前文在国际海运承运人之履行辅助人与海运履约方比较时所得出的结论,海运履约方本质上应属于国际海运承运人之履行辅助人的范畴,而包含其中的完全在港区范围内作业的内陆承运人亦属于国际海运承运人之履行辅助人,并且从类型上看应为承运人的独立型履行辅助人和陆上履行辅助人,其受雇人、代理人在履行相同的运输义务时适用承运人的受雇人、代理人在运输法律中的相关规定。

三 合同相对性原则突破的理论基础

从实然层面看,国际海运承运人之履行辅助人在海运实践中已突破了合同相对性原则,使其与货方之间的侵权关系纳入海上货物运输合同和法律的调整范畴。但是,在国际海运承运人之履行辅助人与货方之间的关系上,合同相对性原则突破的理论基础究竟是什么?尽管两大法系分别通过各自的理论和立法加以解释,但是笔者认为,作为大陆法系履行辅助人制度中"免责条款对履行辅助人的效力"问题的理论基础之一,"领域规范"理论或许可以成为国际海运承运人之履行辅助人何以突破运输合同相对性的最佳答案,具体分析如下:

英美国家主要运用拟制合同关系理论,试图通过各种法律解释手段如代理理论、信托理论、委托理论、第三人利益合同理论等学说,在国际海运承运人之履行辅助人与货方之间建立拟制的合同关系,从而使合同以外的第三人突破运输合同的相对性。但是,直至《海牙—维斯比规则》第一次将"喜马拉雅条款"引入国际公约后,国际海运承运人之履行辅助人中的从属型履行辅助人才法定享有承运人在运输合同中的消极权利。在此之后，无论是《汉堡规则》《鹿特丹规则》等国际海运公约还是各国国内的海上货物运输法，纷纷将更多类型的国际海运承运人之履行辅助人纳入运输法律的调整范围，赋予其享有承运人在运输合同中更多的合同权利，并承担相应的合同义务和合同责任。至此，学界的主流观点认为，国际海运承运人之履行辅助人对运输合同相对性突破的理论基础不再是拟制合同关系理论，而是法定理论。①

据此，国际海运承运人之履行辅助人与货方之间的侵权责任不再适用侵权法的规定，二者的责任性质也由事实上的侵权责任转变为法定的合同责任。即海上货物运输法在承运人与托运人（包括提单持有人、收货人等货方）之间建立了涉及国际海运承运人之履行辅助人利益的涉他性运输合同关系，国际海运承运人之履行辅助人被法定地置于运输合同的框架之内并适用同一责任体制，其与托运人等货方之间的关系应为合同责任，且为法定的合同责任。然而，海上货物运输法如此规定进而实现国际海运承运人之履行辅助人对运输合同相对性的突破，其合理性和必要性何在？亦即法定理论的理论依据是什么，这个问题恐怕目前学界尚无人深入讨论。

根据前文第一章第三节所述，免责条款对履行辅助人的效力问题是指如果债务人役使的履行辅助人在履行合同义务时给债权人造成了损害，该履行辅助人能否援引债务人与债权人所订立合同中的免责条款（包括责任限制条款）以对抗债权人侵权之诉的问题。按照传统的合同相对性原则，合同的内容包括免责条款只能在合同当事人之间适用，任何第三人包括履行辅助人无权援引。但是，"领域规范"理论认为，"法定的以及契约上的责任所包含的是由契约关系所规范的领域，未必限于未来的契约当事人"② 具体而言，某些不具备合同当事

---

① 司玉琢：《海商法专论》（第三版），中国人民大学出版社2015年版，第143页。
② [日]龟冈倫史：《免責条項等の履行補助者保護効——履行補助者の自己責任に関する一考察 ドイツ法を手がかりに‐（三完）》，载《島大法学》40卷4号1996年，第273页；Geissler, "Vertages‐und Gesetzesprivilegien" mit Wirkung fürErfüllungsgehilfen‐Zur Problematik von Haftungsbeschr nkungen und Verj hrungsbestimmungen mit Wirkungfür Dritte（1983）。

人法律地位的特定第三人，因与债务人从事同样履行债务的活动而进入由合同关系所规范的领域。此时，该第三人的行为能被债权人所预见，并在合同当事人的义务范围之内。因此，他们与合同当事人的法律地位近似，可以直接援引债务人的免责条款来对抗债权人，以免除或者限制自己的责任。具体到国际海上货物运输领域，依据"领域规范"理论，与合同当事人之一的承运人同样履行运输合同义务的国际海运承运人之履行辅助人，由于从事具有特殊风险的海上货物运输活动而进入调整该活动和行为的海上货物运输合同所规范的领域。据此，履行辅助人对运输合同的内容进行突破，可以适用运输法律下承运人的特殊责任制度如免责条款和抗辩理由，从而修正一般侵权行为法在海上货物运输领域适用的结果，免除或者限制自己的侵权责任。这一结果也符合"领域规范"理论的结论，即"与契约当事人同样的活动要求与契约当事人同样的责任"。[①]由此可见，无论海上货物运输合同还是海上货物运输法，其规范和调整的对象不限于运输合同主体的深层次原因是，对海上货物运输活动的特殊风险进行合理的分配是基于海上货物运输活动而非运输合同本身进行的。[②]

综上所述，"领域规范"理论不仅是解释免责条款对履行辅助人效力问题很好的理论工具，同时也为国际海运承运人之履行辅助人实现对运输合同内容的突破，从而获得海上货物运输活动中应然的法律地位提供合理的理论依据。需要注意的是：

首先，"领域规范"理论作为民法上免责条款对履行辅助人效力的理论基础，解决的仅是债务人之履行辅助人能否适用债务人与债权人之间合同的免责条款问题。而纵观海上货物运输领域的国际公约和国内法，国际海运承运人之履行辅助人对承托双方运输合同内容的突破已经不再局限于免责或者责任限制条款，有关承运人在运输合同中的部分积极权利、义务和赔偿责任都涉及国际海运承运人之履行辅助

---

① 解亘：《免责条款对履行辅助人之效力》，载韩世远、[日]下森定：《履行障碍法研究》，法律出版社2006年版，第402页。
② 郑志军：《国际海运承运人之履行辅助人责任问题研究》，博士学位论文，华东政法大学，2011年，第115页。

人能否适用的问题,因此将"领域规范"理论作为海上货物运输合同相对性突破的理论基础,实际是对该理论的拓展使用。

其次,受制于合同相对性原则,国际海运承运人之履行辅助人即使以"领域规范"理论为依据对运输合同的相对性进行突破,这一突破也只能是法定的突破,即国际海运承运人之履行辅助人只有在法律明确规定的范围内才能适用运输合同中承运人的特殊责任制度并承担相应的责任,否则不能适用。

在艾斯欧洲集团有限公司与连云港明日国际海运有限公司、上海明日国际船务有限公司的航次租船合同纠纷案中,[1] 连云港明日国际海运有限公司(以下简称"连云港明日")为涉案船舶("桐城"轮)的光船承租人,后将该货轮期租于上海明日国际船务有限公司(以下简称"上海明日")。2006年11月,上海明日与玛吕莎钢铁公司订立了航次租船合同,约定由上海明日运输玛吕莎钢铁公司的货物,同时前者依后者的要求签发了提单。玛吕莎钢铁公司向保险人艾斯欧洲集团有限公司(以下简称"艾斯公司")办理了海上货物运输保险。2007年1月22日,"桐城"轮在海上运输途中发生了共同海损事故,玛吕莎钢铁公司承运的货物致损。艾斯公司依保险合同对玛吕莎钢铁公司进行了保险理赔并取得代为求偿权,随后向连云港明日和上海明日追偿,二者拒赔,艾斯公司遂对二被告提起代位求偿之诉,请求法院判令二者承担连带赔偿责任。

一审法院判决连云港明日作为海上货物运输的实际承运人应和承运人上海明日对原告艾斯公司承担连带赔偿责任,二审法院维持了一审法院原判。连云港明日和上海明日向最高人民法院提起再审。最高院判决认为:本案保险人艾斯公司就航次租船合同提起的代位求偿权诉讼中,按照合同相对性原则,就航次租船合同提出的索赔请求应由航次租船合同的出租人上海明日承担相应的责任,其法律依据应为上海明日与玛吕莎钢铁公司之间的租船合同,而作为涉案货轮"桐城"轮的光船承租人连云港明日,虽然实际承运涉案货物,但由于并非该

---

[1] 最高人民法院(2011)民提字第16号民事判决书。

租船合同的当事人而不能承担违约责任。即使艾斯公司主张将其作为实际承运人与航次租船合同的出租人上海明日承担连带责任也并无根据。因为，尽管《中华人民共和国海商法》在第四章第七节将航次租船合同作为特别的海上货物运输合同予以规定，但是，这样的设置并不代表实际承运人制度一定适用于航次租船合同法律关系。因为，《海商法》第94条规定："本法第47条和第49条的规定，适用于航次租船合同的出租人。本章其他有关合同当事人之间的权利、义务的规定，仅在航次租船合同没有约定或者没有不同约定时，适用于航次租船合同的出租人和承租人。"即《海商法》第47条、第49条规定的使船舶适航的义务、合理速遣的义务强制适用于航次租船合同的出租人，除此之外，航次租船合同当事人的权利义务主要来源于合同的约定，只有在航次租船合同没有约定或者没有不同约定时，合同当事人之间的权利义务适用《海商法》第四章海上货物运输合同的规定，且仅为承运人和托运人之间的权利义务规定，并不包括实际承运人的规定。实际承运人及其法定责任应限定在海上货物运输合同或者提单的法律关系中，即只有在提单证明的海上货物运输法律关系中，法律规定的承运人的责任才扩大适用于非合同当事方的实际承运人。① 显然，本案保险人艾斯公司与连云港明日并不存在运输合同或者提单法律关系，因此，艾斯公司主张连云港明日为航次租船合同法律关系中的实际承运人并承担连带责任并无法律依据。

通过以上的案例及我国的海事审判实践可以看出，虽然"领域规范"理论为国际海运承运人之履行辅助人对运输合同相对性的突破提供了合理的理论依据，但是突破的内容只能在《海商法》等运输法律规定的范围之内。以实际承运人制度为例，实际承运人可以在一定范围内适用承运人的特殊责任，从而实现对运输合同相对性的突破。但是，根据《海商法》的相关规定，这种突破仅发生在海上货物运输合

---

① 蓝天：《最高院：海事海商审判裁判规则6条》，海商法咨讯，http://mp.weixin.qq.com/s?__biz=MjM5ODI2NzI5Ng==&mid=402155552&idx=1&sn=34d28ce33b98e913cd36a4cce5a45891&scene=23&srcid=0327JZlR9OM7x0qGGubUcJB9#rd。最后访问日期：2016年3月23日。

同或者提单证明的海上货物运输法律关系中,不适用于航次租船合同法律关系。除非航次租船合同的出租人向承租人签发了提单,而这份提单转让至承租人以外的第三人,则在提单持有人与承运人的提单法律关系之下,可能会出现实际承运人的概念并适用实际承运人制度。此时,提单持有人依据提单法律关系可以向实际承运人主张提单诉权从而要求其承担连带责任。[①]

第四节 我国立法下国际海运承运人之履行辅助人法律地位的争议性问题

我国《海商法》规定了三种形态的国际海运承运人之履行辅助人,主要是指承运人的受雇人、代理人和实际承运人。其中,承运人的受雇人和代理人作为承运人的从属型履行辅助人,在《海商法》下是"喜马拉雅条款"法定的保护对象。根据《海商法》第58条第2款的规定,其对运输合同内容的突破仅限于享有承运人的抗辩理由和限制赔偿责任等消极权利,第59条第2款则是对丧失该项消极权利情形的规定。而对于独立型履行辅助人中的海上履行辅助人,《海商法》则是以实际承运人制度予以保护和规制。如前文所述,在我国的法律环境下,有关国际海运承运人之履行辅助人的主体界定方面,存在确定实际承运人范围的困境及确认港口经营人身份的困境,这些困境致使在司法审判实践中如何确定这些主体的法律地位,进而判断其权利和义务的范围存在争议。

一 实际承运人与承运人法律地位的关系问题

我国《海商法》对于实际承运人与承运人法律地位的关系是通过第61条加以确定的,即"本章对承运人责任的规定,适用于实际承运人。对实际承运人的受雇人、代理人提起诉讼的,适用本法第58条第2款和第59条第2款的规定。"可见,我国《海商法》下,实际承运

---

① 参见《大成国际海事法律评述》,大成律师事务所,2015年4月。

人的受雇人、代理人是"喜马拉雅条款"法定的适用主体，享有承运人的抗辩理由和限制赔偿责任等消极权利。而实际承运人对运输合同内容的突破不限于承运人的消极权利，还包括承运人的部分积极权利以及相应的义务和责任。因为，按照学界通说，《海商法》第61条的"责任"应作广义理解，不仅包括赔偿责任，还应包括权利、义务和豁免。① 据此，有学者认为，"实际承运人归根结底也是一种承运人，二者的法律地位实质上是相同的，只是内在分工不同而已。"② 笔者并不赞同此观点，实际承运人在海上货物运输的法律关系下仅具有类似于承运人的法律地位，二者并不完全相同，原因在于：

首先，从应然的角度看，实际承运人毕竟不是海上货物运输合同的当事人，有关承运人在运输合同中的所有权利、义务不可能都适用于实际承运人，如是理解承运人和实际承运人就没有区别了。③ 例如，海上货物运输合同中收取运费的权利、签发提单的义务均专属于运输合同的当事人承运人，实际承运人并不具备承担这些权利和义务的主体资格。并且，《海商法》第63条规定，"承运人与实际承运人都负有赔偿责任的，应当在此项责任范围内承担连带责任。"可见，实际承运人向货方承担赔偿责任是有前提条件的，即实际承运人必须参与了系争运输中的特定环节，④ 并且由于实际承运人的行为导致货物的灭失、损害或者迟延交付。例如，实际承运人在完成海运区段的实际运输后，在卸货港将货物交付给承运人或其指定的港口仓储公司，如果承运人或其指定的港口仓储公司在将货物交付给收货人之前的期间内，造成了货物的损害，此种情况下货物索赔方无权要求实际承运人与承运人承担连带赔偿责任。

其次，从实然的角度看，《海商法》仅在一定范围内将承运人的

---

① 司玉琢：《海商法专论》（第三版），中国人民大学出版社2015年版，第124页。
② 傅廷中：《实际承运人的法律地位及其与承运人的责任划分》，《世界海运》1996年第6期，第47页。
③ 司玉琢：《海商法专论》（第三版），中国人民大学出版社2015年版，第124页。
④ 傅廷中：《我国海商法中的实际承运人制度及其适用》，《当代法学》2014年第5期，第26页。

责任扩展适用于实际承运人。根据《海商法》第61条的规定，实际承运人具体适用承运人责任的范围仅限于《海商法》第4章，具体应解释为《海商法》第4章第2节还是第4章则存在争议。司玉琢教授认为，"实际承运人的责任范围应在《海商法》第四章第二节范围内作广义的理解，并不包括第二节之外的承运人广泛的权利义务，除非有明确规定。"① 而最高人民法院对"胜扬"轮案的第二次再审判决中指出，"实际承运人在其所担负的运输任务内，应当承担与承运人同等的法律责任。该条（《海商法》第61条）所指的'本章'，是指《海商法》第四章的全部规定。"② 由此可见，实际承运人仅在一定范围内可以适用承运人的责任制度，至于该范围是第4章第2节还是第4章的全部则属争议。而这一争议将直接影响实际承运人具体权利、义务和赔偿责任的确定，笔者将在下一章详细分析和论述。另外，尽管海上货物运输合同要受到海上货物运输法强制性规定的调整，但这种强制性规定主要体现在为承运人设定最低程度的义务和最大限度的免责，对于承运人与托运人在运输合同中承诺的额外义务或放弃的权利，必须经过实际承运人的书面同意才能对其发生效力。③

综上所述，实际承运人对承托双方运输合同内容的突破是法定的突破，即实际承运人可以适用承运人在运输合同中的责任内容仅是《海商法》强制性责任制度所限定的内容，并非运输合同的全部。因此，实际承运人在海上货物运输的法律关系中仅具有类似于承运人的法律地位，二者存在一定的差别。

二 港口经营人的法律地位问题

《海商法》对于受承运人委托的港口经营人等其他独立型履行辅助人的法律地位并没有明确。如前文提及的我国曾经制定的三部调整

---

① 司玉琢：《海商法专论》（第三版），中国人民大学出版社2015年版，第124页。
② 参见最高人民法院（2005）民四再字第2号民事判决书。转引自袁绍春《实际承运人法律制度研究》，法律出版社2007年版，第150页。
③ 参见《海商法》第62条的规定。

港口经营人制度方面的法律和规定,即 2001 年的《港口货物作业规则》①、2004 年的《港口法》以及 2010 年的《港口经营管理规定》中,后两部法律和部门规章仅从行政管理的角度规范港口经营人,《港口货物作业规则》针对港口经营人的民事权利和义务也仅作出有限规定,且已废止。如果受承运人委托的港口经营人在港口货物作业的过程中由于自己的过错导致了货物的灭失、损坏或迟延交付,港口经营人是否有资格享有承运人在《海商法》下的抗辩和责任限制权利?港口经营人承担责任的责任性质和归责原则是什么?承运人针对港口经营人的行为是否必须向索赔方承担连带责任?这些有关港口经营人民事责任的规定上述三部港口法律、部门规章均没有涉及。法律的空白致使我国学界对港口经营人的法律地位逐渐形成四种不同的观点,司法实践也相应地产生不同的案例和审判结果。

观点一,通过合同约定的方式使港口经营人实现对运输合同相对性的突破,进而享有责任限制的权利。例如,承运人与货方签订的海上货物运输合同或者承运人签发给货方的提单中,常常会列入改良后的"喜马拉雅条款",将受承运人委托的港口经营人涵盖在适用范围之内。另外,承运人与港口经营人签订的港口货物作业合同中,也可能约定港口经营人享有一定的赔偿责任限额。这就涉及运输合同或者提单中的这一保护范围更广泛的"喜马拉雅条款"或者港口经营人与承运人的特别约定是否对货方发生效力的问题。遗憾的是,针对前一种情况,我国到目前为止尚没有关于这一问题的案例。而后一种情况,我国司法实践中已有否定此类约定条款对货主效力的案例。②

观点二,港口经营人应作为承运人的受雇人或代理人,适用于《海商法》。该种观点认为受承运人委托的港口经营人可以作为承运人的受雇人或代理人援引《海商法》中的"喜马拉雅条款",与承运人一样享有法定的抗辩和责任限制权利。该观点不仅得到少数国家相同

---

① 2001 年的《港口货物作业规则》已从 2016 年 5 月 30 日起废止。
② 参见福建顶益食品有限公司诉广州集装箱码头有限公司上诉案,广东高级人民法院(2005)粤高法民四终字第 122 号民事判决书。

理论的支持，在国内的司法审判中也存在一些肯定该观点的判决。"中国沈阳矿山机械（集团）进出口公司诉韩国现代商船有限公司、中国大连保税区万通物流总公司海上货物运输合同货损赔偿纠纷案"①中，被告之一万通物流总公司作为从事集装箱场地堆存作业的港口经营人被法院认定为另一被告承运人韩国现代商船有限公司的受雇人，二者针对原告的诉讼均可以援引《海商法》中限制赔偿责任的规定，但由于受雇人万通公司与原告没有直接的法律关系，故没有直接赔偿原告货物损失的义务。"福建顶益食品有限公司诉广州集装箱码头有限公司港口作业纠纷案"中，法院同样认定作为港口经营人的被告属于承运人的受雇人，有权援引《海商法》中的"喜马拉雅条款"。

观点三，将港口经营人视为实际承运人，直接适用《海商法》。根据司玉琢先生的观点，在《汉堡规则》下，承运人的责任期间延伸至"港到港"，覆盖了港口作业，在此基础上建立的实际承运人作为受承运人委托具体从事货物运输的主体，其业务范围不应仅局限于海上航程部分，部分港口作业也可以作为货物运输的某个环节，属于实际承运人的业务范畴。由于我国《海商法》下承运人的责任期间因集装箱货和非集装箱货而不同，因此，尽管我国的实际承运人制度是以《汉堡规则》的规定为蓝本，但是，司玉琢先生认为，对于集装箱运输，港口装卸公司、仓储公司等港口经营人都是实际承运人，对于非集装箱运输，仅港口装卸公司是实际承运人。②

观点四，港口经营人属于独立合同人，受我国《民法典》的合同编，侵权责任编等民事法律的调整，不适用《海商法》。目前从我国的司法实务看，该观点为审判实践所采用的主流观点。在中银集团保险有限公司诉上海交运集装箱发展有限公司港口货物损害赔偿纠纷案③中，上海海事法院最终认定本案系因侵权引起的损害赔偿纠纷，

---

① 参见大连海事法院（2001）大海法初字第146号民事判决书。
② 司玉琢：《海商法专论》（第三版），中国人民大学出版社2015年版，第164—165页。
③ 参见上海海事法院（2002）沪海法海初字第34号民事判决书。

作为被告的集装箱公司因其侵权行为依法应承担相应的经济损失,并没有享有《海商法》中赔偿责任限制的权利。在大连保税区闻达国际贸易有限公司诉青岛前湾集装箱码头有限责任公司港口作业侵权损害赔偿纠纷案①中,虽然一审法院和二审法院的判决结果截然相反,但是,两级法院审理案件适用的法律均为原《民法通则》而非《海商法》,二审法院在审理过程中特别指出,码头公司不享有承运人的免责权利,而暴雨亦未构成不可抗力,码头公司对火灾的发生存有过错,属于管货上的过失,因此不应免除码头公司对闻达公司的赔偿责任。可见,以上两个案例均对集装箱公司、码头公司等港口经营人被纳入海上货物运输法律制度的调整范围持否定观点,认为港口经营人在受承运人委托从事货物装卸、仓储等港口作业时,判断其是否应当对货物灭失、损坏承担责任,以及承担多大的责任,应当依据其他法律的规定。②

笔者认为,目前我国的民法学说并不存在"第三人利益合同""附保护第三人利益的合同"等拟制合同关系的理论,合同中为相关第三人设定权利和义务的约定在没有理论基础和法律依据的情况下,很有可能因违背"合同相对性"原则而无效。因此,在我国要通过合同约定的途径解决港口经营人的责任限制问题难度相当大。而根据《港口货物管理规则》第3条对"港口货物作业合同"的界定,并不能将港口经营人与委托人的关系理解为雇佣关系或代理法律关系。并且,根据2010年《港口经营管理规定》第3条的规定,港口经营人是指依法取得经营资格从事港口经营活动的组织和个人,其与作为委托人的承运人之间无论在财产还是业务上均无附属关系。尽管受承运人委托的港口经营人在进行装载、卸载、积载等港口作业时需要听从承运人的指示,最后的工作成果受承运人监督,但是,二者具有平等的法律地位,将港口经营人作为承运人的受雇人或代

---

① 参见青岛海事法院(2001)青海法石海事初字第73号民事判决书。
② 司玉琢、李志文:《中国海商法基本理论专题研究》,北京大学出版社2009年版,第327页。

理人的观点并不合理。① 另外，实际从事货物海上位移任务的实际承运人与作业区域限于港口陆地及港口水域的港口经营人，并没有包含与被包含的关系，因此认为港口经营人是实际承运人的观点并不准确。

根据1991年《港站经营人赔偿责任公约》对港口经营人的界定以及我国港口法律的演变情况，笔者认为将港口经营人定位为独立合同人的观点比较合理。至于受承运人委托的港口经营人能否像另一独立合同人——实际承运人一样被纳入运输法律的调整范围，享受承运人责任限制的权利则是各国法律价值取向的问题。在我国，学界逐渐形成否定说和肯定说两派观点。否定说认为，海上货物运输法仅适用于固有的海上部分，其余先后部分则应该适用陆上运输及保管、仓储等规定。原因在于，首先，港口经营人的作业地点基本在陆地码头，并不存在影响行业的海上特殊风险，即使集装箱运输带来的风险也未与其收益失衡，远未达到需要立法限制赔偿责任来救济的地步。② 其次，从国际海运立法的趋势看，更加注重对货方利益的保护以及承运人责任的承担。国际公约中不断提高承运人的赔偿责任限额以及取消"航海过失免责"和"火灾免责"，使承运人的责任基础由"不完全过失责任"变为"过失责任"均是这一趋势的体现。对合同相对性原则的突破覆盖至海上区段以外的港口经营人，使其享有承运人的责任限额从而扩大责任限制制度的适用范围并不符合这一趋势。否定说是目前我国法院对受承运人委托的港口经营人与货方的侵权纠纷案件处理的依据。肯定说则建议将作为海上运输与陆上运输衔接点的港口作业作为海上货物运输的一部分，将受承运人委托的港口经营人纳入《海商法》的调整范围。笔者赞同此观点，原因如下：

---

① 在2004年的 Korea Trading Co., Ltd 诉 Daeho 公司一案中，韩国最高法院维持高等法院对于仓储保管人 Daeho 公司无权援引承运人时效抗辩的判决理由就是，由于仓储保管人行为时并不遵从承运人的命令或者指导，而是按照自己的判断行事，其身份是独立合同人。因此，其并不属于《韩国商法典》第789条所称的受雇人或者代理人，无权援引该法第811条规定的承运人所享有的时效抗辩。

② 杨娣：《港口经营人单位责任限制权利问题研究》，硕士学位论文，大连海事大学，2014年，第23页。

第一，作为海上运输与陆上运输衔接点的港口作业具有附属性，属于海上运输的一部分。换言之，港口经营人将货物存放于港口之仓库等短程陆上作业已经成为海上运输的一部分。但若货物自船舶卸载之后，需经长程陆上运输者，此一长程运输已经跟海上运输不具有附属性，此时的陆上运输才应适用于陆法。①

第二，随着集装箱货物运输的出现，由于该种货物只能由港口装卸公司通过专门的装卸机械进行货物作业，很难采用船舶自身的机械操作，而且全集装箱货船也根本没有自身的装卸机械，这导致港口装卸公司等港口经营人与承运人已然成为完成海上货物运输合同的共同体。依据"领域规范"理论，港口作业环节应被纳入海上货物运输法律关系所规范的领域，海上货物运输合同及其法律所包含的责任规范应当适用于从事港口货物作业的港口经营人。

第三，随着"门到门"运输方式的普及，承运人负责货物在港口范围内的装卸、仓储并最终交付给收货人的情况越来越普遍。受承运人委托从事港口货物作业的装卸公司、仓储公司等港口经营人，在具体操作时发生了货物的灭失、损坏或迟延交付，此时如果港口经营人适用《民法典》的侵权责任编向货方承担赔偿责任，而承运人适用《海商法》向货方承担的是经过责任限制后的赔偿责任，这意味着索赔方对于同一原因造成同一货物的同等灭失或损坏，获得的赔偿不尽相同，将会造成承运人责任与履行辅助人本人责任不一致的后果。因此，从保证两种责任能够有效衔接的角度，应将受承运人委托的港口经营人纳入《海商法》的调整范围，适用承运人特殊的责任制度。

第四，随着多式联运运输方式的发展，各国海上货物运输法的适用范围大有从远洋向沿海甚至内陆扩展适用的趋势。例如，美国最近的判例支持当货物进口美国时，可以把美国1936年《海上货物运输法》扩展适用至内陆运输。而我国《海商法》第4章目前的适用范围仅限于远洋运输，接下来有可能将远洋和沿海并轨，不再区分远洋和

---

① 王堉苓：《〈鹿特丹规则〉之新立法评析台湾〈海商法〉未来修法之方向》，博士学位论文，大连海事大学，2011年，第50页。

近海，实行统一的责任制。①由此可见，随着《海商法》下承运人责任制度扩张适用的发展趋势，受承运人委托的港口经营人纳入《海商法》调整范围的可能性非常大。

第五，责任限制制度的基础是特殊风险，早期的航海贸易和海上运输与海上特殊风险如影相随，如果不将承运人的赔偿责任予以限制，一次事故就可能导致其破产，不利于航运业的发展。基于相关行业的特殊风险及公共政策的考虑，我国在除海运以外的航空运输、铁路运输和邮件运输等领域，也都建立了损害赔偿的责任限制制度。在这些制度中，存在相关的港站、场站经营人享有赔偿责任限制的规定。②但是，从目前我国的法律规定及海运实践中可以发现，负责集装箱装卸、操作、存储等作业的港口经营人同样具有较大的责任风险，但却并不具备任何责任限制制度的保护。另外，港口经营人可以收取的、经国家定价的作业费费率与价值较高的集装箱货物一旦造成损害而需承担的巨大赔偿责任相比，受益和损失很不对称，这种权利与责任极度不平等的状态是显失公平的。并且，如果具有确定的责任限额，有利于港口经营人确定保险金额，分散风险。因此，从促进港口业持续、稳定的发展以及降低行业风险的角度，适用《海商法》使受承运人委托的港口经营人享有责任限制的权利也是很有必要的。

对于完全在港区范围内作业的内陆承运人能否以承运人陆上履行辅助人的身份纳入《海商法》的调整范围，学界并没有相关的讨论，司法实践也完全没有将其与货方的侵权纠纷适用《海商法》的案例。但是，随着对《鹿特丹规则》海运履约方制度的探讨和借鉴，此类在承运人的责任期间内履行货物运输义务的履行辅助人应与受承运人委托的港口经营人、实际承运人一样，作为国际海运承运人之履行辅助人纳入运输法律的调整范围，实现对运输合同相对性的突破。

根据我国目前的立法和司法实践，国际海运承运人之履行辅助人

---

① 《司玉琢谈海商法》（《中国航务周刊》2013 年总第 1034 期），凤凰网：http://edu.ifeng.com/gaoxiao/detail_2013_12/31/32628838_0.shtml。最后访问日期：2013 年 12 月 31 日。

② 袁绍春：《实际承运人法律制度研究》，法律出版社 2007 年版，第 117 页。

中的从属型履行辅助人已在一定程度上突破了海上货物运输合同的相对性,即通过"喜马拉雅条款"的保护享有承运人的消极权利;而独立型履行辅助人中的海上承运人以实际承运人的身份在更大程度上突破了运输合同的相对性,具有类似于承运人的主体身份和法律地位,不仅享有运输合同中的消极权利,还享有部分积极权利,同时承担相应的义务和责任。但是,对于受承运人委托的港口经营人、完全在港区内从业的内陆承运人等独立型履行辅助人并未在我国《海商法》的调整范围之内,它们作为海上货物运输合同当事人以外的第三人,突破运输合同相对性的观点并未得到我国司法实践的肯定。

综上所述,对国际海运承运人之履行辅助人而言,其与承运人之间的关系属于内部法律关系,而与货方之间的关系属于外部法律关系。在内部法律关系中,基于民法"为履行辅助人负责"的原则,无论哪种类型的履行辅助人在从事履行辅助行为时因过错造成货方损害,除符合海上货物运输法的一些例外规定,承运人均应为此承担合同责任;而在外部法律关系中,通过对运输合同相对性的突破,与货方形成法定合同关系的国际海运承运人之履行辅助人具有类似于运输合同主体的法律地位。根据对运输合同内容突破程度上的差异,可分为从属型履行辅助人与独立型履行辅助人的不同突破。这两种类型的履行辅助人在与货方产生法律联系时,依据海上货物运输法所具有的运输合同项下的权利、义务和赔偿责任是不同的,笔者将在下文具体论述。

第四章

国际海运承运人之履行辅助人的权利、义务和赔偿责任

在我国《海商法》中，有关国际海运承运人之履行辅助人的权利和义务主要规定在第4章第2节"承运人的责任"这一章节中。如前文所述，这里的"责任"一词并不是传统民法理论中的"赔偿责任"，而是对承运人的权利、义务、豁免以及赔偿责任的统称。[①] 需要特别指出的是，出于立法本意，无论国际海运公约还是各国国内的海上货物运输法，有关承运人的权利、义务、豁免和赔偿责任的规定，都是围绕着承运人对货物灭失、损坏或者迟延交付的赔偿责任所作出的规定，并非是承运人权利、义务和赔偿责任的全部。而本章也是基于国内外海上货物运输法的相关规定，围绕着国际海运承运人之履行辅助人对货物灭失、损坏或者迟延交付的赔偿责任所进行的分析和探讨，并非是国际海运承运人之履行辅助人的全部权利、义务和赔偿责任。对于由一般民事法律调整而非海上货物运输法律调整的法律关系，如从属型履行辅助人与承运人之间的雇佣关系或者代理关系，独立型履行辅助人中受承运人委托的港口经营人及其他陆上履行辅助人与承运人之间的独立合同关系，这些法律关系中国际海运承运人之履行辅助人的具体权利、义务和赔偿责任不在本章的讨论范围之内。

---

① 司玉琢：《海商法专论》（第三版），中国人民大学出版社2015年版，第131页。

第一节　国际海运承运人之履行辅助人的权利和义务

一　国际海运承运人之履行辅助人的共同权利和义务

无论从属型还是独立型履行辅助人，海上还是陆上履行辅助人，它们在国际海上货物运输中具备一些共同的权利和义务。在权利方面具体主要表现为以下几点：

（一）责任限制权

国际海运承运人之履行辅助人的责任限制权是指，在承运人的责任期间内，由于国际海运承运人之履行辅助人的履行辅助行为造成了货物的灭失、损害或者迟延交付，在其遭遇货方索赔时可以适用与承运人一致的单位责任限制权利。当然，根据我国《海商法》第204条的规定，如果国际海运承运人之履行辅助人是船舶所有人、船舶承租人或者船舶经营人，其运输货物过程中因为偶然发生的重大海损事故导致了货物的灭失、损坏或迟延交付的，国际海运承运人之履行辅助人不仅可以享有承运人的单位责任限制权利，还可以依据海事赔偿责任限制制度享有第二次限制的权利。

国际海运承运人之履行辅助人的责任限制权在国际海运公约及我国国内法中主要体现在《海牙—维斯比规则》第3条，《汉堡规则》第7条第2款、第3款、第8条第2款和第10条第2款，《鹿特丹规则》第4条、我国《海商法》第58条、第59条和第61条。根据以上规定，理解国际海运承运人之履行辅助人的责任限制权利时需要注意以下几点：

首先，由于责任限制权利对承运人而言，既是权利也是义务，它不允许承运人通过合同约定的方式降低该责任限额甚至免除其赔偿责任，但是提高责任限额则是允许的。然而，如果承运人与托运人在运输合同中约定高于法律规定的责任限额，必须经国际海运承运人之履行辅助人的书面同意才能对其生效，否则履行辅助人仍将适用法定的责任限额。

其次，国际海运承运人之履行辅助人的某些行为会导致责任限制权的丧失。无论承运人本人还是其履行辅助人，如果故意或明知可能造成损失而轻率地作为或者不作为，其责任限制的权利将会丧失。需要说明的是，承运人之履行辅助人丧失责任限制权利的行为不必然导致承运人责任限制权的丧失。同时，由索赔方承担存在导致责任限制权丧失情形的举证责任。

最后，各个公约下的"喜马拉雅条款"赋予国际海运承运人之履行辅助人享有责任限制权和抗辩权是否存在前置条件并不相同。在《汉堡规则》和我国《海商法》中，承运人和实际承运人的受雇人、代理人适用"喜马拉雅条款"的前提是能够证明自己在受雇或受委托的职务范围内行事，而这一限定条件在《海牙—维斯比规则》中并未出现，同样，《鹿特丹规则》对承运人或海运履约方的受雇人依据公约第 4 条享有承运人的抗辩或责任限制权利的规定也没有"职务范围内行事"的前置条件。笔者认为，实践中的确存在货物被承运人或者某种独立型履行辅助人的受雇人、代理人损害，但其工作范围与承运人根据运输合同所承担的义务毫无关系的情形。此时，部分国际海运公约仍对这些不属于国际海运承运人之履行辅助人的受雇人、代理人赋予责任限制权和抗辩权的原因在于，承运人的受雇人、代理人的行为往往被视为承运人本人的行为，而加强对雇佣关系下弱势主体受雇人的立法保护则为法律传统。因此，为了防止这些附属于承运人的主体在上述情形下失去法定权利的保护，上述部分公约没有在其享有责任限制权和抗辩权之前附加限定条件。

（二）免责抗辩权

国际海运承运人之履行辅助人享有免责抗辩权，可以适用关于承运人在海上货物运输法中的一般免责和特殊免责的规定。我国《海商法》借鉴《海牙规则》，设定了与主要航运国家立法及实践相一致的法定免责抗辩权，但是，与《海牙规则》一样，《海商法》第 51 条有关法定免责抗辩权的规定并未提及是否同样适用于迟延交付的情形。由于我国《海商法》还部分借鉴了《汉堡规则》，引入了"迟延交付"的概念，因此，学界和司法实践一般认为，对于援引第 51 条所列免责事项的理由可以扩大至因迟延交付而导致的损害。而《鹿特丹规则》作为国际海运公约中的最新立法，和《汉堡规则》一样明确迟延交付而导致的损害可以适用免责规定。并且，公约在免责抗辩权的规定上也与时俱进，非常具有时代感，笔者将在下文详细介绍。

需要注意的是，尽管根据大多数国家的立法和实践，承运人的从属型履行辅助人被货方直接索赔而适用"喜马拉雅条款"进而行使免责抗辩权的概率很低，但为了保证他们在特殊情况下不会失去保护，大多数国家在国内的运输法律中都会规定其对免责抗辩权等其他消极权利的适用。另外，根据我国《海商法》及各大国际海运公约列明的免责事项上看，在实践中应该根据国际海运承运人之履行辅助人的具体形态加以适用。例如，很多免责事项如海上或其他通航水域的风险、海盗、海上救助或试图救助人命等仅适用于海上履行辅助人，陆上履行辅助人不能适用。二者可以共同适用的免责事项主要包括《海商法》第51条第2款的第（二）项火灾，第（四）项战争或者武装冲突，第（五）项政府或者主管部门的行为、检疫限制或者司法扣押，第（六）项罢工、停工或者劳动受到限制，第（八）项托运人、货物所有人或者他们的代理人的行为，第（九）项货物的自然特性或者固有缺陷，第（十）项货物包装不良或者标志欠缺、不清。《鹿特丹规则》第17条第3款所列免责事项中的恐怖活动、暴乱和内乱、避免或试图避免对环境造成危害的合理措施也属于海上履行辅助人和陆上履行辅助人可共同适用的免责事项，但第（六）项免责事由为"船上发生火灾"，据此，能援引该项免责事由的国际海运承运人之履行辅助人只能为海上履行辅助人，陆上履行辅助人并不能适用。

（三）时效抗辩权

根据我国《海商法》第257条的规定，货物索赔方向承运人索赔的时效期间为一年，自承运人交付或者应当交付货物之日起计算；航次租船合同的索赔请求权，时效期间为两年，自知道或者应当知道权利被侵害之日起计算。有观点认为只有承运人能够适用该项规定，作为其独立型履行辅助人的实际承运人不能享有时效抗辩权。原因在于，根据《海商法》第4章第61条的规定，"本章对承运人责任的规定，适用于实际承运人。"这里的责任当然包括权利，但是仅限于规定在海商法第 4 章第 2 节"承运人责任"中的承运人权利,而时效抗辩权并不在此章节,因此应限制实际承运人对该规定的适用。笔者认为,这种观点是片面的,因为这一条款是基于立法技术上的安排,人为地被脱离了第 4 章第 2 节,而并入专门的时效一章。① 将实际承运人纳入第 257 条适用主体的范围,符合其立法本意。具体而言,《海商法》设定一年短期诉讼时效的目的就在于对承运人予以特殊保护,而与承运人承担相同责任的履行辅助人如果不享有同样时效的保护将是极大的不公平。例如,由于实际承运人的过错行为导致货方损害,它将与承运人承担连带责任。此时,如果实际承运人适用原《民法通则》的两年诉讼时效,而承运人适用《海商法》的一年诉讼时效,索赔方在损害发生后一年到两年期间内提起诉讼,就会产生承运人因超过时效而免责,实际承运人独自承担责任的情形,这无疑会大大加重履行辅助人的责任和负担。

《汉堡规则》第 10 条第 2 款是与我国《海商法》第 4 章第 61 条类似的规定,但是其表述却为"本公约对承运人责任的所有规定也适用于实际承运人对其所履行的运输的责任。"据此,实际承运人可以毫无疑问地享有承运人在公约中两年的时效抗辩权。而根据《鹿特丹规则》第 62 条第 1 款的规定,"两年时效期满后,不得就违反本公约下的一项义务所产生的索赔或争议提起司法程序或仲裁程序。"这里的"索赔或争议"必将包括货方对海运履约方的索赔诉讼,因此时效抗辩权的适用范围将包含承运人、海运履约方等在公约下所有应当承担责任的人。综上所述,国际海运承运人之履行辅助人应享有承运人的时效抗辩权。

(四)危险货物的处置权及损害赔偿请求权

在托运人责任下,托运人有义务对托运的危险货物妥善包装和标示,并将危险品的相关信息书面通知给承运人。承运人在托运人通知不当或者货物可能构成实际危险时所享有的拒绝接收、装载货物,或者将其卸下、销毁或者使之不能为害的权利为危险货物处置权。同时,

---

① 司玉琢:《海商法专论》(第三版),中国人民大学出版社 2015 年版,第 131 页。

承运人还享有基于上述行为所造成的损失而向托运人主张的损害赔偿请求权。尽管承运人的此项权利在我国《海商法》中规定在第4章第3节托运人责任中的第68条，而非第4章第2节承运人的责任中，但是，无论从属型履行辅助人还是独立型履行辅助人，海上履行辅助人还是陆上履行辅助人，均应该享有此项权利。因为，在货物从接收到交付的全过程里，实际履行合同义务，真正接触货物而面临危险的是国际海运承运人之履行辅助人，承运人仅仅是运输合同的当事人，并没有直接受危险品的危险威胁以及及时处理危险品的机会，如果不赋予国际海运承运人之履行辅助人享有危险货物处置权及损害赔偿请求权，该项权利就会形同虚设，有违立法本意。我国《港口货物管理规则》第30条、第31条也规定，"港口经营人享有拒绝接收、装载或进行其他作业的权利。作为作业委托人对于货物应按照规定和标准妥善包装，涉及危险品的还应制作危险品标签并将具体信息书面通知给港口经营人，否则港口经营人有权拒绝作业；如果作业委托人未履行上述义务通知港口经营人或者通知有误的，港口经营人可以在任何时间、任何地点根据情况需要停止作业、销毁货物或者使之不能为害，而不承担赔偿责任。作业委托人对港口经营人因作业此类货物所受到的损失，应当承担赔偿责任。"《汉堡规则》第13条赋予实际承运人与承运人一样的危险货物处置权，如果托运人的过失导致实际承运人受到损害，实际承运人还享有损害赔偿请求权。《鹿特丹规则》第15条赋予海运履约方享有按照公约规定对危险货物的处置权而产生的抗辩权。

（五）货方迟延受领时可将货物提存的权利

根据我国《海商法》第86条的规定："在卸货港无人提取货物或者收货人迟延、拒绝提取货物的，船长可以将货物卸在仓库或者其他适当场所，由此产生的费用和风险由收货人承担。"与此类似的规定出现在《港口货物管理规则》的第38条和第39条。其中，第38条赋予港口经营人对于货物接收人逾期提货、无人提货等的处理权。而第39条则规定，如果符合《民法典》第570条规定的条件，例如货物接受人或者作业委托人无正当理由拒绝受领货物、下落不明、死亡为确定继承人或丧失民事行为能力未确定监护人的，港口经营人还可以根据《民法典》的规定将货物提存。可见,当货方迟延受领时,无论从属型还是独立型履行辅助人都有将货物提存处理的权利。

需要注意的是,对于承运人而言,其作为海上货物运输合同的当事人针对目的港无人提货或者迟延提货而产生的管理和处置货物的垫付费用,如目的港集装箱的堆存费和超期使用费、货物保管费、冷藏费、垃圾处理费等,以及收货人在提货时支付的到付运费均有权向货方主张损害赔偿。但是,国际海运承运人之履行辅助人不是运输合同的一方当事人,虽然它与承运人之间存在事实上的使用关系,根据合同相对性原则,诸如实际承运人等国际海运承运人之履行辅助人因目的港无人提货实际遭受的上述经济损失,只能向其作业委托人承运人索赔,一般不能直接追究货方的民事责任。[①] 因此,发生目的港无人提货或者迟延提货时,承运人和国际海运承运人之履行辅助人均享有将货物提存的权利。但是,针对目的港无人提货遭受的经济损失,向货方索赔的权利主体只能为承运人,实际承运人、受承运人委托的港口经营人等国际海运承运人之履行辅助人不能直接追究货方的民事责任,而只能向其委托方承运人主张权利。

以上为不同类型的国际海运承运人之履行辅助人的共同权利。而在义务方面,由于所有类型的国际海运承运人之履行辅助人均为参与国际海上货物运输,履行或者承诺履行承运人在运输合同中与货物具有直接联系的相关义务的人。因此,履行辅助人的共同义务一定是包含在与货物的接收、装载、操作、积载、运输、保管、照料、卸载、交付环节之中的义务。例如,受雇于承运人的港口装卸工人和与承运人签订港口货物作业合同的装卸公司,分别属于承运人的从属型履行辅助人和独立型履行辅助人,二者的共同义务就是在港口进行的货物装卸任务。而作为从属型履行辅助人的船长、船员和作为独立型履行

---

① 赵建高:《目的港无人提货法律责任分析》,海商法资讯:http://mp.weixin.qq.com/s?__biz=MjM5ODI2NzI5Ng==&mid=402137889&idx=1&sn=ef938909e299af91cf8cd2b880ed0233&scene=23&srcid=0327Yl67aQ8QqMifYUNzrteo#rd。最后访问日期:2016年3月21日。具体案例参见伊朗航运公司诉中国航空技术进出口总公司集装箱超期使用费纠纷案,广州海事法院(2004)海法初字第284号民事判决书。

辅助人的海上承运人共同承担着承运人在运输合同项下的运输义务。需要注意的是，首先，对于承运人和托运人约定的承运人在海上货物运输法之外须承担的义务，国际海运承运人之履行辅助人不受其约束，除非履行辅助人明确同意接受该义务。其次，尽管从属型履行辅助人应履行承运人在运输合同下的义务，但是，与独立型履行辅助人不同，这种义务往往并没有为海上货物运输法予以明文规定，不具备将合同条款制度化形成法定义务的强制性效果。并且，从属型履行辅助人因违反运输合同义务而造成货方损害，其结果很少能导致履行辅助人本人承担海上货物运输法下的责任。一般是由承运人向货方承担责任后再基于雇佣关系和代理关系，依据一般的民事法律向其履行辅助人进行内部追偿，除非个别国家的国内法作出相反规定。有关从属型和独立型履行辅助人赔偿责任的区别，笔者将在下文作以详细分析。

二 不同类型国际海运承运人之履行辅助人的权利和义务

（一）独立型履行辅助人的特有权利和义务

具有较强自主性的独立型履行辅助人除与从属型履行辅助人具有以上共同的权利和义务外，还拥有自己特有的权利和义务。其中，权利方面主要体现在对货物享有留置权。

根据《鹿特丹规则》第49条的规定，"本公约规定概不影响承运人或履约方根据运输合同或者准据法留置货物，为应付款的偿付获得担保的权利"。作为独立型履行辅助人的海运履约方因此被公约赋予享有货物留置权的主体资格，但能否真正成为留置权人应以运输合同或适用的准据法为依据。在我国，留置权的产生具有法定性，我国针对海上货物留置权的法律规定主要体现在《港口货物作业规则》第40条①和《海商法》第87条。

根据《港口货物作业规则》第40条的规定，"如果承运人应当向港口经营人支付的作业费、速遣费以及港口经营人为货物垫付的必要费用没有付清，又没有提供适当担保的，港口经营人可以留置相应的

---

① 2001年的《港口货物作业规则》已从2016年5月30日起废止。

运输货物，除非合同另有约定。"据此，独立型履行辅助人港口经营人可以毫无争议地行使法定的货物留置权，即使此时货物的所有权由托运人、收货人等货方享有。

《海商法》第87条则对承运人的货物留置权作出规定，"应当向承运人支付的运费、共同海损分摊、滞期费和承运人为货物所垫付的必要费用及应当向承运人支付的其他费用没有付清，又未提供适当担保的，承运人可在合理限度内留置其货物。"对于本条规定是否适用于承运人的独立型履行辅助人实际承运人，我国《海商法》并未明确，学界针对实际承运人能否享有海上货物运输留置权也产生分歧和争议。否定说认为，不同于承运人，实际承运人不能享有海上货物留置权，原因在于：首先，我国《海商法》没有赋予实际承运人享有货物留置权的明确规定；其次，即使依据《海商法》第61条的文义理解，实际承运人适用承运人的责任规范也仅限于第4章第2节的规定，并不包括规定在第4章第5节的承运人的货物留置权；最后，根据2001年7月《全国海事法院院长座谈会纪要》（以下简称《纪要》）第4条的规定，对于远洋货物运输，承运人的留置权适用《海商法》，留置的货物一定要属债务人所有。而在国际海上货物运输中，仅与契约承运人具有合同关系的实际承运人很难与真正的货物所有权人具有债权债务关系。例如，无船承运人以班轮运输的方式组织货运并向收货人签发提单，该班轮公司作为实际承运人与无船承运人（契约承运人）之间存在班轮运输合同关系。如果基于该运输合同，无船承运人应向实际承运人支付的运费、滞期费等《海商法》第84条所列费用没有付清的，作为该项债权的债权人，实际承运人有权留置其合法占有的货物，行使货物留置权。但是，通常情况下无船承运人并不是实际承运人占有货物的所有权人，结合《纪要》第4条的规定，在国际海上货物运输中，实际承运人无法对非无船承运人所有的货物行使货物留置权。

笔者并不赞同否定说的观点，尽管这一结论已成司法定论，但是根据目前我国的相关法律规定，独立型履行辅助人实际承运人享有货物留置权具有一定的合理性。原因在于：首先，即使依据《海商法》

第61条的文义理解，实际承运人适用承运人的责任规范也可能包含整个第4章的内容，如此理解实际承运人将享有规定在第4章第5节的承运人的货物留置权。其次，根据《民法典》的相关规定在实际承运人（承运人）与契约承运人（托运人）之间的海上货物运输合同关系中，契约承运人作为托运人如果不履行其对实际承运人的债务，实际承运人作为债权人可"对相应的运输货物享有留置权"。这里并没有强调留置的货物与债务人的所有权关系。而随着原《中华人民共和国物权法》（以下简称《物权法》）的出台，在国际海上货物运输合同的履行过程中，如果合同主体为企业，承运人在行使货物留置权时只需对留置的货物合法占有即可，① 留置物无须与债权属于同一法律关系，承运人可就不同航次、不同期租等情况的债权行使货物留置权。② 由此可见，法律已经明确债权人行使货物留置权时，其留置货物的范围不限于债务人所有，留置权人在留置占有的财产时不需要先行调查该财产的实际所有关系，否则，既影响产生留置权的合同的履行，又限制了法律规定的留置权的实际作用，同时，也会造成留置权法律和所有权法律关系的混乱。③ 因此，在国际海上货物运输中，主要以企业形态履行合同义务的承运人和实际承运人，作为因运输合同而产生债权的债权人，其在行使货物留置权时，留置货物的范围不应该限于债务人所有，合法占有即可。这也使实际承运人具备行使货物留置权的可能性，从而与另一独立型履行辅助人港口经营人行使货物留置权的条件相一致。再次，在海上货物运输的航程中，随着提单的流转，货物所有权也几经转移。相对于不断变化的货物所有权人，允许实际承运人在未获得承运人应向其支付的《海商法》第87条所列费用时，

---

① 原《物权法》第230条规定："债务人不履行到期债务，债权人可以留置已经合法占有的债务人的动产，并有权就该动产优先受偿。前款规定的债权人为留置权人，占有的动产为留置财产。"原《物权法》第231条规定："债权人留置的动产，应当与债权属于同一法律关系，但企业之间留置的除外。"

② 韩立新、李天生：《〈物权法〉实施后对〈海商法〉中留置权的影响》，《法律适用》2008年第9期，第28页。

③ 关正义：《物权法视野下的海商法留置权问题（一）》，新浪网：http://blog.sina.com.cn/s/blog_4d829e410100jpwj.html。最后访问日期：2010年6月26日。

留置自己"合法占有"的货物是倒逼承运人及时清偿债务的有效手段。最后,根据《鹿特丹规则》第49条的规定,公约实际上默许非运输合同主体的海运履约方有权留置运输合同项下"合法占有"的货物,从而有暗示各国国内法应允许包含实际承运人在内的海运履约方享有货物留置权的可能性。① 综上所述,作为承运人的独立型履行辅助人,实际承运人应与受承运人委托的港口经营人同样享有货物留置权。

在义务方面,由于承运人的独立型履行辅助人包括从事海上货物位移作业的海上承运人、受承运人委托的港口经营人和其他在港口范围内从事陆地作业的内陆承运人,这些不同形态的独立型履行辅助人由于履行义务时所处的区域不同,是否会面临海上风险也不相同,这导致它们在海上货物运输中的具体义务有所差异。但是,与从属型履行辅助人不同,海上货物运输法一般对独立型履行辅助人在海上货物运输合同中的最低义务予以明确进而法定化。同时,独立型履行辅助人因违反法定义务将会产生本人责任,责任承担的方式往往是与承运人连带赔偿货物索赔方的损失,这与从属型履行辅助人因违反运输合同义务但很少承担海上货物运输法下赔偿责任的情况有所不同。

(二)海上履行辅助人的特有权利和义务

依据履行义务时所处区域的不同,国际海运承运人之履行辅助人还可分为海上履行辅助人和陆上履行辅助人,二者在海上货物运输法下的具体权利和义务存在一定的区别和差异。对于前者而言,其特有的权利主要表现在以下两个方面:

其一,海上履行辅助人享有专属的免责抗辩权。

承运人及其履行辅助人在海上货物运输法中的免责事由可分为一般免责事由和特殊免责事由。其中,一般免责事由在我国《海商法》下主要体现在第51条,具体包括以下几项:(一)航海过失免责。(二)火灾免责。(三)天灾,海上或者其他可航水域的危险或者意外

---

① 王威:《〈鹿特丹规则〉下海运履约方法律制度研究》,博士学位论文,大连海事大学,2011年,第63页。

事故。(四)战争或者武装冲突。(五)政府或者主管部门的行为、检疫限制或者司法扣押。(六)罢工、停工或者劳动受到限制。(七)在海上救助或者企图救助人命或者财产。(八)托运人、货物所有人或者他们的代理人的行为。(九)货物的自然特性或者固有缺陷。(十)货物包装不良或者标志欠缺、不清。(十一)经谨慎处理仍未发现的船舶潜在缺陷。(十二)非由于承运人或者承运人的受雇人、代理人的过失造成的其他原因。其中,对于涉及海上风险的一些免责事由,从事港口陆地作业的陆上履行辅助人并不适用。具体而言,第51条中的第(一)、(三)、(七)和(十一)项的免责事由具有不同于陆地运输的海上特殊风险性,仅适用于海上履行辅助人及契约承运人,而其他的免责事由对于陆上作业的港口装卸公司、仓储公司、集装箱堆场等港口经营人和内陆承运人尚有适用的余地和空间。

《鹿特丹规则》对承运人及其海运履约方可以援引免责事项的规定与传统的海运立法有所不同。其中,对海上履行辅助人产生较大影响的规定主要有:取消航海过失免责,使承运人或其海运履约方中的海上履行辅助人因其受雇人、代理人在驾驶船舶和管理船舶中的过失行为而导致的货损不能免责。随着航海和通信技术的高速发展,海上风险较之早期的航海时代已大幅度降低,国际海运市场已对航海过失免责的取消达成共识。尽管取消此项免责抗辩权等加重承运人责任的事项成为我国航运业反对加入《鹿特丹规则》的最主要原因,但是,取消航海过失免责已成为国际海运立法的趋势;对于火灾免责,公约则采取折中方案,仅将"在船上发生的火灾"列入免责事项,进而使可以援引该项免责事由的主体仅限定为契约承运人及海运履约方中的海上履行辅助人,海运履约方中的陆上履行辅助人不能适用该项规定。并且根据公约第17条第4款的规定,如果承运人或者其为之负责的其他人的过失行为是造成船上火灾的原因,承运人和海运履约方仍不能免责。可见,《鹿特丹规则》虽然保留了免责事项,但是实际上已经取消了所有过失行为免责的事由,从而达到与《汉堡规则》取消所有免责事项,使承运人的责任基础成为完全的过错责任相同的效果。

承运人及其履行辅助人的特殊免责事由表现为《海商法》第52

条以及第53条的规定，即在运输活动物以及舱面货的情况下，如果承运人已经履行了这两种货物运输的各项法定要求，因运输活动物固有的特殊风险所造成的活动物的灭失或者损害，以及因舱面载货的特殊风险造成的货物灭失或者损害，承运人不负赔偿责任，《鹿特丹规则》第25条也作出了类似的规定。由于运输活动物以及舱面货的主体只能是承运人或其海上履行辅助人，因此只有承运人或其海上履行辅助人有权享有这两项特殊免责抗辩权，陆上履行辅助人无权援引该规定。

综上所述，海上货物运输法的免责抗辩事由对于责任期间内履行合同义务的所有履行辅助人并不具有全然的可适用性，某些免责事由需依据国际海运承运人之履行辅助人的具体形态区别适用。

其二，海上履行辅助人享有共同海损分摊请求权。

根据《海商法》第193条和第199条第1款的规定，"共同海损是指在同一海上航程中，船舶、货物和其他财产遭遇共同危险，为了共同安全，有意地合理地采取措施所直接造成的特殊牺牲、支付的特殊费用。""共同海损应当由受益方按照各自的分摊价值的比例分摊。"根据该规定，在共同海损制度中，国际海运承运人之履行辅助人中享有共同海损分摊请求权的主体只可能是在海上航程中履行合同义务的海上履行辅助人，陆上履行辅助人不具备请求共同海损分摊在地域方面的必要条件。例如，在同一海上航程中，实际承运人作为独立型海上履行辅助人，为了船货的共同安全采取合理的措施造成船舶的特殊牺牲，其有权请求参与共同海损分摊。而根据《鹿特丹规则》第16条的规定，如果承运人或履约方为了共同安全，或是为了保全同一航程中人命或其他财产免遭危险，可以在海上合理地牺牲货物。这里的"履约方"仅指在"港到港"范围内履行运输义务的海运履约方，具体则是指海运履约方中从事海上运输义务的海上履行辅助人，其在法定的条件下可以合理地牺牲货物，由此产生的特殊牺牲和支付的特殊费用也可以请求共同海损分摊。

以上为海上履行辅助人在海上货物运输法中区分于陆上履行辅助人的特有权利。在义务方面，承运人的法定义务主要表现为适航义务、管货义务、直航义务、合理速遣义务和交付货物的义务。① 其中，适航义务、直航义务和合理速遣三项义务属于在海上航程中，承运人驾驶船舶和管理船舶过程中应尽的义务，也是辅助承运人从事海上货物位移任务的海上履行辅助人的特有义务，在港口陆地作业的陆上履行辅助人由于不接触船舶和真正的海上航程，并不具备这三项义务。另外，交付货物的义务作为运输合同当事人基于商业利益要求而承担的合同义务和法定义务，是否也同样需要海上履行辅助人承担在我国是存在争议的。

目前，在国内司法实务中，针对作为海上履行辅助人的实际承运人无单放货的案例，多数裁判认定实际承运人没有凭正本提单向收货人履行交货的义务，应与承运人承担连带责任。如"富春公司、胜惟公司与鞍钢公司海上货物运输无单放货纠纷案"②"中化江苏连云港公司与法国达飞公司等海上货物运输合同无单放货纠纷案"等。③ 但在"富春公司、胜惟公司与鞍钢公司海上货物运输无单放货纠纷案"的再审判决中，最高人民法院认为，根据期租船合同的约定，船方（富春公司）应听从承租人有关船舶营运的事宜，鞍钢公司主张富春公司参与无单放货的依据不充分，相关证据同样也无法证明富春公司参与签发提单的行为，因此撤销一审和二审法院对实际承运人富春公司承担无单放货赔偿责任的判决。④ 笔者认为，海上履行辅助人（实际承运人）在特定情况下应承担交货的义务。因为海上履行辅助人从事全部货物运输或者最后海运区段的运输时，货物可能是由海上履行辅助人本人交付给收货人，也可能是由海上履行辅助人交付给承运人或承运人委托的港口经营人等陆上履行辅助人，再由其交付给收货人。如果是后一种情况，货物的交付任务应是承运人或受承运人委托的其他

---

① 在我国《海商法》中，承运人的适航义务、管货义务、直航义务、合理速遣义务主要体现在第4章第2节的第47条—第49条，交付货物的义务主要是由第50条的规定推导而出。
② 大连海事法院（1996）大海法商初字第72号民事判决书；辽宁省高级人民法院（1997）辽经终字第39号民事判决书。
③ 上海市高级人民法院（2002）沪高民四（海）终字第110号民事判决书。
④ 最高人民法院（2000）交提字第6号民事判决书。

履行辅助人承担。如果是前一种情况，根据《海商法》第 85 条的规定："货物由实际承运人交付的，收货人依照本法第 81 条的规定向实际承运人提交的书面通知，与向承运人提交的书面通知具有同等效力；向承运人提交的书面通知，与向实际承运人提交的书面通知具有同等效力。"此时，以实际承运人身份出现的海上履行辅助人应承担交付货物的义务。

由此可见，海上货物运输合同中的适航义务、直航义务和合理速遣三项义务属于海上履行辅助人的特有义务，而交货义务并非其特有义务，海上履行辅助人承担该项义务而负赔偿责任需要满足两个条件：第一，海上履行辅助人（实际承运人）基于承运人的意思而参与货物交付的环节；第二，在交付货物的环节中，海上履行辅助人（实际承运人）存在过错。①

第二节　国际海运承运人之履行辅助人的赔偿责任

如前文所述，海上货物运输领域有关承运人的"责任"存在广义、狭义之分，广义上的"责任"包括承运人的权利、义务、赔偿责任和豁免，而狭义的"责任"仅指赔偿责任。本节所论及的国际海运承运人之履行辅助人的赔偿责任是指基于国内外海上货物运输法的相关规定，国际海运承运人之履行辅助人对货物灭失、损坏或者迟延交付而向货方承担的赔偿责任。责任的范围也仅限于由海上货物运输法调整的运输合同关系中产生的赔偿责任，对于由一般民事法律而非运输法律调整的法律关系，如从属型履行辅助人与承运人之间的雇佣关系或者代理关系，独立型履行辅助人中受承运人委托的港口经营人及其他陆上履行辅助人与承运人之间的独立合同关系，这些法律关系中国际海运承运人之履行辅助人的赔偿责任不在本节的讨论范围。

---

① 司玉琢：《海商法专论》（第三版），中国人民大学出版社 2015 年版，第 125 页。

一 国际海运承运人之履行辅助人的责任性质和责任期间

针对国际海运承运人之履行辅助人因货物的灭失、损害或者迟延交付而向货方承担责任的性质是侵权责任还是合同责任，学界一直存在争议。如前文所述，国际海运承运人之履行辅助人与货方之间存在事实上的侵权关系，因此二者之间责任的性质应为侵权责任。但是，在海运实践中，这种侵权关系下的国际海运承运人之履行辅助人不断实现对海上货物运输合同相对性的突破，使自己逐渐具有类似运输合同主体的法律地位。而国际海运承运人之履行辅助人与货方之间的侵权责任不再适用侵权法的规定，海上货物运输法在承运人与托运人（包括提单持有人、收货人等货方）之间建立了涉及承运人之履行辅助人利益的涉他性运输合同关系，承运人之履行辅助人与托运人（包括提单持有人、收货人等货方）被法定地置于合同的框架之内并适用同一责任体制。此时，如果将国际海运承运人之履行辅助人因过失造成货方损害的行为认定为侵权行为，却不能适用侵权法来确定二者之间的侵权责任，那么这种行为的定性也就失去了意义；相反，如果这一行为虽然不符合成立合同行为的全部要件，但法律明确规定适用合同方面的法律（如《海商法》第4章）来确定其责任，我们将行为人所承担的责任称为合同责任，更能准确地表达其责任的属性。[①] 据此，国际海运承运人之履行辅助人的责任性质应为合同责任，且为法定的合同责任。

如前文所述，承运人的责任期间属于海商法特有的制度，是指承运人因违反海上货物运输法规定的强制性义务而导致或促成货物的灭失、损坏或迟延交付，为此承运人应依据海上货物运输法承担赔偿责任的期间。由于国际海运承运人之履行辅助人履行运输义务的行为发生在承运人的责任期间之内，为了实现承运人在责任期间内基于"为

[①] 郭萍、袁绍春、蒋跃川：《国际海上货物运输实务与法律》，大连海事大学出版社2010年版，第208页。

履行辅助人负责"而承担的违约责任与履行辅助人自己责任的协调,①应将国际海运承运人之履行辅助人的责任期间与承运人的责任期间保持一致或者在其之内。因此,国际海运承运人之履行辅助人的责任期间可定义为,在承运人的责任期间内,国际海运承运人之履行辅助人因违反海上货物运输法规定的强制性义务而导致或促成货物的灭失、损坏或迟延交付,为此国际海运承运人之履行辅助人应依据海上货物运输法承担赔偿责任的期间。从国际海运公约的沿革和演进上看,承运人的责任期间由海牙时代的"钩到钩"到《汉堡规则》下的"港到港",再到《鹿特丹规则》的"门到门",不断由海上向陆地扩展,这与多式联运运输方式的发展和集装箱运输的革命密切相连。但是,由于本书所界定的国际海运承运人之履行辅助人从事业务的区域范围仅限定在"装货港"到"卸货港"的海运区段,不包括沿海、内河及内陆区域。因此,其责任期间也应为在承运人的责任期间以内,从"装货港"到"卸货港"的掌管货物期间。根据不同类型履行辅助人掌管货物的期间不同,其具体的责任期间也不尽相同。其中,海上履行辅助人的责任期间是将货物从装货港装上船开始至卸货港卸下船为止掌管货物的期间,而陆上履行辅助人的责任期间则是在装货港或者卸货港的港区范围内掌管货物的期间。

需要注意的是,我国《海商法》根据货物类型的不同将承运人的责任期间一分为二:针对集装箱货物的运输,承运人的责任期间采用《汉堡规则》的"港到港"模式,针对非集装箱货物的运输,承运人的责任期间采用《海牙规则》的"钩到钩"模式。这种承运人的责任期间因货物类型的不同而不同的做法值得商榷,反映在对国际海运承运人之履行辅助人的法律影响上,这种做法使同一主体在违反同一法定义务时,会因货物类型的不同而具有不同的法律地位,承担不同的法律责任。建议我国在今后修改《海商法》时不再做集装箱货物和非集装箱货物的区分,将承运人的责任期间作以统一规定,笔者将在下

---

① SPIER J., *Unification of Tort Law: Liability for Damage Caused by Others*, Leiden: Kluwer Law International, 2003: 90.

一章具体阐述和分析。

二 国际海运承运人之履行辅助人的归责原则和举证责任

承运人的归责原则①是指海上货物运输国际公约或国内法"赋予承运人对其所承运的货物应承担的责任"原则。②而国际海运承运人之履行辅助人的归责原则，则是指海上货物运输国际公约或国内法赋予国际海运承运人之履行辅助人对其所掌管的货物应承担的责任原则。根据前文所述，国际海运承运人之履行辅助人向货方承担赔偿责任的性质为法定的合同责任，二者被法定地置于合同的框架之内并适用同一责任体制。因此，有关承运人责任的归责原则、举证责任等合同责任下的相关要素，同样适用于国际海运承运人之履行辅助人。例如，我国《海商法》第61条和《汉堡规则》第10条第2款均明文规定，对承运人责任的规定适用于实际承运人，这里的责任当然包括归责原则和举证责任。而《鹿特丹规则》也赋予海运履约方同样享有承运人责任限制和免责抗辩等权利，这也是海运履约方同样适用承运人责任的归责原则和举证责任的体现。因此，国际海运承运人之履行辅助人的归责原则和举证责任应和承运人保持一致。尽管英美法系和我国的合同立法坚持合同责任的归责原则为严格责任，③但是，在海上货物运输领域，承运人责任的归责原则一般采用侵权与违约一体适用过错责任制或者不完全过错责任制，而且将举证责任倒置。笔者将在下文对国际海运公约及我国《海商法》中有关承运人责任的归责原则和举证责任进行比较，以此分析海上货物运输法下国际海运承运人之履行辅助人责任的归责原则和举证责任。

根据《海牙规则》的相关规定，承运人的归责原则应为不完全过

---

① 承运人的归责原则即为承运人责任基础的狭义解释，从广义上理解承运人的责任基础不仅包含归责原则，还应包含除外责任和举证责任。参见司玉琢《海商法专论》（第三版），中国人民大学出版社2015年版，第124页。

② 司玉琢：《承运人责任基础的新构建——评〈鹿特丹规则〉下承运人责任基础条款》，《中国海商法年刊》2009年第3期，第123页。

③ 谢怀栻主编：《合同法原理》，法律出版社2004年版，第286页。

错责任。具体而言,《海牙规则》第 4 条第 2 款的第 1—17 项免责事由里,从第 3 项到第 17 项均为承运人及其履行辅助人在非过错情形下导致货物灭失或损坏的免责事由,唯独第 1 项和第 2 项的航海过失免责和火灾过失免责属于承运人在受雇人、代理人具有过错的情况下仍可免除赔偿责任的事由。依据"为履行辅助人负责"的原则,履行辅助人的过错应视为债务人的过错,因此承运人的受雇人、代理人等履行辅助人的过错应视为承运人的过错。而航海过失免责和火灾过失免责使承运人在原本具有过错的情况下须承担责任的过错责任原则变得不完全了,因此,在《海牙规则》中,承运人及其国际海运履行辅助人的归责原则应为不完全过错责任,而《海牙—维斯比规则》的情况与此相同。从举证责任上看,《海牙规则》下承运人有关管货义务的举证责任应由承运人承担,因为,根据《海牙规则》第 4 条第 2 款第 17 项的规定,"非由于承运人的实际过失或私谋,或者承运人的代理人,或雇佣人员的过失或疏忽所引起的其他任何原因;但是要求引用这条免责利益的人应负责举证,证明有关的灭失或损坏,既非由于承运人的实际过失或私谋,亦非承运人的代理人或雇佣人员的过失或疏忽所造成。"承运人必须举证证明自己或者其履行辅助人在履行管货义务方面无过错才能援引该项免责事由,否则,将承担赔偿责任,这也可称为承运人的有过错推定;针对第 4 条第 2 款第 1—16 项免责事由的举证责任则为索赔方,即只要出现第 1—16 项免责事由所列举的事项,则推定承运人无过错可以免责;而对于承运人的适航义务,《海牙规则》的规定并不明确。根据第 4 条第 1 款的规定,[①] 应由索赔方承担证明船舶不适航的举证责任,而对于承运人是否"谨慎处理"使船舶适航的举证责任则在承运人,不适航与货损之间因果关系的举证责任,《海牙规则》并未明确。以上的举证责任分配同样适用于《海牙规则》

---

① 《海牙规则》第 4 条第 1 款规定:"不论承运人或船舶,对于因不适航所引起的灭失或损坏,都不负责,除非造成的原因是由于承运人未按第 3 条第 1 款的规定,克尽职责,使船舶适航;保证适当地配备船员、装备和供应该船,以及使货舱、冷藏舱和该船的其他装货处所能适宜并安全地收受、运送和保管货物;凡由于船舶不适航所引起的灭失和损害,对于已克尽职责的举证责任,应由根据本条规定要求免责的承运人或其他人承担。"

和《海牙—维斯比规则》下的国际海运承运人之履行辅助人。

与《海牙规则》不同，《汉堡规则》取消全部的免责事项，对承运人及其独立型履行辅助人——实际承运人责任的归责原则采取完全的过错责任。其法律依据体现在第5条第1款："除非承运人证明他本人其受雇人或代理人为避免该事故发生及其后果已采取了一切所能合理要求的措施，否则承运人应对因货物灭失或损坏或延迟交货所造成的损失负赔偿责任，如果引起该项灭失、损坏或延迟交付的事故，如同第四条所述，是在承运人掌管期间发生的。"可见，如果在承运人或实际承运人掌管货物期间发生了货物的灭失、损坏或延迟交货，则推定承运人或实际承运人有过错须承担责任，属于过错责任中的推定过错。在举证责任上，承运人或实际承运人须承担证明自己及其受雇人、代理人已为避免事故的发生及其后果而采取一切所能合理要求的措施的举证责任，举证不能，承担赔偿责任。但是，对于火灾所引起的损害，由索赔方承担承运人或实际承运人，或它们的受雇人、代理人有过错的举证责任。① 据此，在《汉堡规则》下，国际海运承运人之履行辅助人的归责原则为完全的过错责任，且为除火灾以外的过错推定责任，举证责任方面则由国际海运承运人之履行辅助人承担火灾以外的无过错举证，但是这种无过错的举证程度较高，为已"采取一切所能合理要求的措施"。

以《海牙规则》和《汉堡规则》为蓝本制定而成的我国《海商法》，在承运人的归责原则和举证责任方面也结合了以上两大公约的相关规定，具有很大的相似性。在归责原则方面，与《海牙规则》相似，承运人及其独立型履行辅助人——实际承运人的责任由于航海过失免责和火灾免责两项免责事由的存在应为不完全的过错责任；在举证责任方面，根据《海商法》第51条第2款的规定，举证责任的分配为：首先货方负责完成对货物损害事实发生在承运人责任期间或实际承运人掌管货物期间的初步举证。之后承运人或实际承运人可通过举证自己无过错或根据《海商法》第51条规定的免责事项而得以免责。

---

① 参见《汉堡规则》第5条第4款（a）项的规定。

如果货物的灭失、损害或迟延交付是由承运人或实际承运人可免责和应负责的原因共同造成，则承运人对于可免责范围内的货物灭失、损害或迟延交付承担举证责任，对于不能免责部分的损失须承担赔偿责任。① 需要注意的是，《海商法》下承运人或实际承运人举证自己无过错的程度要低于《汉堡规则》的"采取一切所能合理要求的措施"。另外，虽然与《汉堡规则》相同，《海商法》中火灾导致货损的举证责任由承运人或实际承运人负担，但在具体的分配内容上却与《汉堡规则》略有不同，增加了索赔方的举证负担。在《汉堡规则》下，只要证明承运人或者实际承运人本人或者各自的代理人、受雇人因过错引起火灾而造成货损，承运人或者实际承运人即不能免责。而在我国《海商法》下，索赔方只有证明承运人或者实际承运人本人有过失而引起火灾并造成货损，承运人或者实际承运人才不能免责。这既不符合"为履行辅助人负责"的原则，对船货双方利益的分配也不尽合理。

从归责原则上看，《鹿特丹规则》将承运人及其海运履约方的归责原则设定为《汉堡规则》的完全过错责任制；从举证责任上看，《鹿特丹规则》用"三个推定"的方式分配责任、平衡船货双方的利益。具体而言，第一个推定：承运人在管货义务上的有过错规定。根据公约第17条第1款和第2款的规定，只要货损或迟延、或造成货损或迟延的事件或情形发生在承运人或海运履约方的责任期间，则推定承运人或海运履约方在管货义务方面存有过错，除非它们能够举证证明自己及其依据公约第18条所述及的它们为之负责的人没有过错才能免责。第二个推定：承运人在列明的免责条款（除外风险）范围内的无过错推定。根据公约第17条第3款和第4款的规定，在排除第一个推定的前提下，如果承运人能够证明第3款所列的免责事由是货损或迟延的致害原因，则可推定承运人无过错而免责。此时，索赔方必须证明是由于承运人、海运履约方或其为之负责的人的过错导致第3款所列免责事项的发生，或者是承运人、海运履约方无法证明自己及其

---

① 参见我国《海商法》第54条的规定。

为之负责的人不存在过错的其他情形导致货损或迟延的发生，才能推翻承运人的无过错推定。实践中，承运人的这一无过错推定很难被索赔方推翻。因为，公约第 17 条第 3 款所列的免责事项大部分是基于海上特殊风险而在海上航程中发生的情形，不在海上作业的索赔方很难证明导致所列情形发生的原因是承运人或者其履行辅助人等其他第三人的过错行为。例如公约虽然取消了航海过失免责和火灾过失免责，但仍保留了"船上火灾"这一免责事由，但是，在通常情况下索赔方能够证明是承运人或其负责的人的过错导致船上发生火灾而引起货损的可能性极低。第三个推定：承运人在适航义务上的有过错推定。根据公约第 17 条第 5 款的规定，对于承运人的适航义务索赔方需完成初步举证，则可推定承运人有过错。此时，承运人或者证明自己在使船舶适航方面已尽"谨慎处理"之责，或者证明即使船舶不适航也会不发生货损和迟延，即证明船舶不适航与货损没有因果关系，只要完成以上证明之一即可免责。该项推定仅适用于承运人及其海上履行辅助人。

综上所述，国际海运承运人之履行辅助人责任的归责原则在《海牙规则》和我国《海商法》下均为不完全的过错责任，而在《汉堡规则》和《鹿特丹规则》下为完全的过错责任，且为推定过错。在举证责任方面，《海牙规则》《鹿特丹规则》和我国《海商法》在责任的具体分配和结构上比较相似，但存在细微差别，其中，《海牙规则》下货方的举证责任较重，船方的举证责任较轻。为此，《汉堡规则》为了平衡船货双方的举证责任，对船方的举证责任设定偏重，货方的举证责任偏轻。《鹿特丹规则》再次进行调整，和《汉堡规则》相比，加重了货方的举证责任。笔者认为，尽管运输合同在英美法系和我国合同法严格责任的体制下采用的仍然是过错责任的归责原则，但从海上货物运输合同中承运人责任的归责原则在国际海运公约中的变化上看，海上货物运输法愈加重视对受害人的救济和补偿，同时具有加重承运人责任承担的发展趋势。免责事由的不断减少、责任限额的逐步提高、赔偿范围的扩大均能印证这一结论。因此，取消航海过失免责和火灾过失免责，使承运人及国际海运承运人之履行辅助人责任的归责原则由不完全过错责任制转变为完全的过错责任制,且为推定过错责任,既符合海上货物运输领域承运人责任制度的发展趋势,也符合"为履行辅助人负责"的民法原则。而在举证责任方面需要注意的是,当索赔方以管货环节存在过错为由向承运人或国际海运承运人之履行辅助人提出索赔诉讼时,对后者诉讼的举证责任一般会重于前者。因为,针对国际海运承运人之履行辅助人提起的诉讼,索赔方必须首先证明货物的损害发生在履行辅助人掌管货物的期间,才能推定履行辅助人有管货义务上的过错,而对于契约承运人提起的诉讼并不需要证明货物必须在承运人的掌控或者占有之下。

三 不同类型国际海运承运人之履行辅助人的赔偿责任形式

在海上货物运输领域,当国际海运承运人之履行辅助人在从事履行辅助行为时,因过错造成了货物灭失、损害或迟延交付,履行辅助人和承运人将分别基于侵权行为和"为履行辅助人负责"的原则向货方承担赔偿责任,二者在与货方的外部关系上发生责任上的重合。针对这种重合,海上货物运输法在从属型和独立型履行辅助人向货方承担赔偿责任的具体形式上的规定是不同的,笔者将在下文对此进行比较分析。

(一)从属型履行辅助人赔偿责任的形式

海上货物运输法对于履行辅助人和承运人在与货方的外部责任上发生的重合,往往作出承运人与履行辅助人向货方承担连带责任的规定。但是,这里与承运人负连带责任的履行辅助人往往指的是承运人的独立型履行辅助人,并不包括从属型履行辅助人——受雇人和代理人。原因在于,在雇佣关系下,受"雇主责任"的影响,雇员对受害人的侵权损害往往是由雇主一人对外承担赔偿责任,继而再向雇员追偿。例如,我国《民法典》第191条就规定,"用人单位的工作人员因执行工作任务造成他人损害的,由用人单位承担侵权责任。劳务派遣期间,被派遣的工作人员因执行工作任务造成他人损害的,由接受劳务派遣的用工单位承担侵权责任;劳务派遣单位有过错的,承担相应的责任。"而第192条则规定,"个人之间形成劳务关系,提供劳务一方因劳务造成他人损害的，由接受劳务一方承担侵权责任。提供劳务一方因劳务受到损害的，根据双方各自的过错承担相应的责任。"在代理关系下，依据我国原《民法通则》第63条的规定，"代理人在代理权限内，以被代理人的名义实施民事法律行为。被代理人对代理人的代理行为，承担民事责任。"因此，代理人实施代理的法律后果直接由被代理人承受。

由此可见，在"雇主责任"和代理制度的作用下，作为从属型履行辅助人的受雇人和代理人一般不会被货方直接索赔，其对货方的责任会被承运人责任吸收，从而使国际海运承运人之履行辅助人与承运人之间责任重合的结果变成实质上的承运人责任。例如，《鹿特丹规则》第19条第4款就明确排除了船长、船员以及承运人和海运履约方的受雇人的赔偿责任。这样的规定有利于加强承运人和海运履约方的雇主责任以及对雇员利益的保护。

然而，根据各国对"雇主责任"和代理制度的不同理解以及相关立法规定，"实质上的承运人责任"——这一从属型履行辅助人承担赔偿责任的形式也存在例外。2013年《德国海商法》第508条第3款规定，"如果货物的灭失或损害是由承运人及其受雇人或船员的过错共同导致的，承运人及其受雇人、船员承担连带责任。"而根据我国原《民法通则》第67条的规定，"代理人知道被委托代理的事项违法仍然进行代理活动的或者被代理人知道代理人的代理行为违法不表示反对的，由被代理人和代理人负连带责任。"《民法典》第925条、第926条也规定了我国的隐名代理制度，在符合第926条第2款规定的条件下，"第三人可以选择受托人或者委托人作为相对人主张其权利"，反映在海上货物运输领域，依据该法条货方可以选择承运人的代理人或者承运人作为相对人主张其权利。可见，承运人的受雇人、代理人作为从属型履行辅助人也有向货方担责或者与承运人一同向货方承担连带责任的可能性。

综上所述，由于与承运人之间存在内部的从属关系，从属型履行辅助人一般不具备被货物索赔方独立起诉的主体资格，在与承运人对货方的赔偿责任发生重合时，除非符合法定的免责事由，法院一般会判令由承运人直接向货方承担赔偿责任，无须从属型履行辅助人承担连带责任。据此，是否可以参照《鹿特丹规则》的做法将船长、船员等承运人的从属型履行辅助人排除在海上货物运输法的调整范围之外？笔者认为，由于从属型履行辅助人辅助履行运输合同义务的行为包含在该合同关系所规范的领域，根据"领域规范"理论，从属型履行辅助人应被纳入海上货物运输法的调整对象。而根据国内法有关"雇主责任"和代理制度的规定，从属型履行辅助人一般不具备独立承担赔偿义务和责任的资格，因此，其不能与独立型履行辅助人一样向货方独立承担赔偿责任，从而与承运人承担连带责任。但是，由于不同国家的国内法对"雇主责任"和代理制度有不同的理解，为了防止从属型履行辅助人在上述例外情况下承担责任，在海上货物运输法中赋予其享有"喜马拉雅条款"的法定保护还是非常有必要的。

(二) 独立型履行辅助人赔偿责任的形式

如前文所述，当国际海运承运人之履行辅助人和承运人分别因自身的过错行为和"为履行辅助人负责"的原则而向货方承担的赔偿责任发生重合时，海上货物运输法往往规定，其中的独立型履行辅助人承担赔偿责任的形式是与承运人共同向货方承担连带责任。在国际海运公约中，《海牙规则》和《海牙—维斯比规则》没有连带责任的规定，在这两个国际公约中，除承运人以外，再无其他人作为责任主体对债权人即货方独立承担赔偿责任。而在《汉堡规则》制定实际承运人制度并将实际承运人设定为可与承运人承担连带责任的责任主体时，多数学者认为，当合同承运人或实际承运人的任何一方资信不足或者难以掌握时，保证追溯另一方对保护另一方来说是非常重要的。[①] 因此，《汉堡规则》第10条第4款和我国《海商法》第63条均规定，"在承运人与实际承运人都负有赔偿责任时，二者在此项责任范围内负连带责任。"《鹿特丹规则》也在第20条作出了"承运人与一个或数个海运履约方均负赔偿责任的情况下承担连带责任"的规定。对于

---

① 卢杰：《实际承运人的概念、权利义务及责任研究》，硕士学位论文，上海海事大学，2006年，第29页。

独立型履行辅助人与承运人向货方承担的连带责任，需要注意以下三点：

第一，对连带责任性质的理解。

目前学界针对承运人与其独立型履行辅助人向货方承担连带责任的性质存有争议。具体表现在，在连带责任和连带债务同一说的观点之下，国内学者主要对《海商法》第 63 条规定的连带责任属于民法通常意义的连带责任还是不真正连带责任存在分歧。所谓连带责任，是指当责任人为多数人时，权利人或者受害人有权请求其中的任何一个责任人承担部分或者全部责任。① 而不真正的连带责任是指多个债务人就给予不同原因而偶然产生的同一内容的给付，各付全部履行之义务，并因债务人之一的履行而使全体债务均归于消灭的债务。② 两者最主要的区别在于前者是各责任人基于同一原因如共同违约或者共同故意的侵权行为而产生的法定责任；后者各责任人承担责任的原因各不相同，可能一个基于侵权行为一个基于违约行为，也可能基于各自的侵权行为偶然巧合产生，并且各责任人是否最后承担连带责任要由法院根据不同法律关系酌情而定，无须法律明文规定。

有学者认为，根据我国《海商法》第 63 条的规定，承运人与实际承运人承担连带责任的前提条件是两者都负有赔偿责任，由于承运人对货方承担的赔偿责任是违约责任，而实际承运人承担的赔偿责任是侵权责任，各责任人承担责任的原因各不相同，符合承担不真正连带责任的特征。③ 与此类似的观点有，"承运人和海运履约方之间承担责任的原因不同，《鹿特丹规则》也没有明确二者之间的连带责任是由连带债务引起的，所以，承运人和海运履约方之间的连带责任是一种不真正连带责任。"④ 另有学者认为，以上观点并不准确，包括实际

---

① 王利明：《民法学》（第四版），法律出版社 2015 年版，第 132 页；孔祥俊：《民商法新问题与判解研究》，人民法院出版社 1996 年版，第 124 页。

② 孔祥俊：《民商法新问题与判解研究》，人民法院出版社 1996 年版，第 134 页。

③ 李唯军：《论我国〈海商法〉第 63 条的适用》，《中国海商法协会通讯》1999 年第 3 期，第 33 页。

④ 王威：《〈鹿特丹规则〉下海运履约方法律制度研究》，博士学位论文，大连海事大学，2011 年，第 113 页。

承运人、海运履约方在内的独立型履行辅助人与承运人承担连带责任的性质应为真正的连带责任，原因在于：首先，承运人与实际承运人、海运履约方在一定条件下承担连带责任是由《海商法》和《鹿特丹规则》明文规定的，符合真正连带责任的法定主义，并非属于需由法院酌情而定的不真正的连带责任；其次，如前文所述，承运人与实际承运人、海运履约方等履行辅助人被法定的置于承托双方的海上货物运输合同框架之下并适用同一合同制，即国际海运承运人之履行辅助人向货方承担赔偿责任的性质应为法定的合同责任。这表明承运人与收货人是准合同关系，承担与承运人相同责任的实际承运人、海运履约方与收货人之间也是准合同关系。因此，承运人与实际承运人、海运履约方等独立型履行辅助人向货方承担的赔偿责任均属合同责任或违约责任，即各责任人承担责任的原因相同，这种理解不仅可以说明该连带责任属于真正的连带责任，也体现出不同于民法通常意义上连带责任的特殊性。[①]

而在连带责任和连带债务区分说的观点之下，学者认为连带责任不同于连带债务，所谓连带债务是数人负同一债务，依其明示或者法律之规定，对于债权人各负全部给付责任之多数主体之债之形态。[②] 根据债务产生的原因、目的、债务数额的分担以及是否有法律明文规定的不同，连带债务可分为连带债务和不真正的连带债务。上述连带责任和不真正连带责任的区别实为连带债务和不真正连带债务的区别，因为无论哪种连带债务，均可以产生连带责任的问题，所谓"不真正连带责任"实为部分学者对于"不真正连带债务"这一概念不当使用所致。[③] 据此，《海商法》下进一步探讨承运人与实际承运人对于货物索赔方所承担连带责任的性质是无意义的，因为连带责任的定义及其法定责任的性质是确定的，不确定的分歧点应为承运人与实际承运人对索赔方所承担的债务的性质是连带债务还是不真正连带债务。

[①] 司玉琢：《海商法专论》（第三版），中国人民大学出版社2015年版，第134页。
[②] 王泽鉴：《民法债编通则》，三民书局1993年版，第415页。
[③] 袁绍春：《实际承运人法律制度研究》，法律出版社2007年版，第159页。

笔者赞同此观点，并进一步认为，无论我国《海商法》第63条和《汉堡规则》第10条第4款规定的实际承运人与承运人之间连带责任下的连带债务，还是《鹿特丹规则》第20条规定的海运履约方与承运人之间连带责任下的连带债务，其产生的法定性以及各责任人承担责任原因的同一性（均为合同责任）都决定它们不是不真正的连带债务，而是民法通常意义但具有自身特殊性的连带债务。即基于海上货物运输法之规定，承运人与其独立型履行辅助人在法定条件下向货方承担的是真正的连带债务，由此产生法定的连带责任，如此解释既符合立法目的，也有利于保护货主的合法利益。而承运人与其独立型履行辅助人之间连带债务的特殊性主要体现在二者承担连带责任之后的内部追偿问题。

第二，对"都负有赔偿责任"的理解。

根据《汉堡规则》第10条第4款和我国《海商法》第63条对承运人与实际承运人承担连带责任的规定，以及《鹿特丹规则》第20条对承运人与海运履约方承担连带责任的规定，承运人及其独立型履行辅助人向货方承担连带责任的条件应为二者针对货物的灭失、损害或者迟延交付"都负有赔偿责任"。在学界，如何理解这一条件存在不同的观点：观点一，我国《海商法》第63条中的"都负有赔偿责任"意味着只有当承运人与实际承运人的行为都存在不可免责的过失时，二者承担连带责任的条件才能成立；[1] 观点二，只要实际承运人根据《海商法》的规定应当对货物灭失、损害或者迟延交付承担责任，即使承运人本身不存在不可免责的过失也应当同时承担责任，此时二者承担连带责任的条件已然成立。[2]

笔者认为，无论根据那种观点，只要实际承运人应向货方承担赔偿责任，承运人与之承担连带责任的条件——"都负有赔偿责任"即告成立，原因在于：从"为履行辅助人负责"的法理基础上看，履行

---

[1] 李唯军：《论我国〈海商法〉第63条的适用》，《中国海商法协会通讯》1999年第3期，第34页。

[2] 袁绍春：《实际承运人法律制度研究》，法律出版社2007年版，第160页。

辅助人的过错应视为债务人的过错。因此，只要实际承运人、海运履约方等独立型履行辅助人存在不可免责的过错，该过错即被视为承运人的过错，那么即使根据观点一，承运人与实际承运人等独立型履行辅助人"都负有赔偿责任"的基础——"二者均存在不可免责的过错"就产生了，二者因此应向货方承担连带责任。从法律规定上看，根据《海商法》第 60 条第 1 款的规定，"对实际承运人承担的运输，承运人应当对实际承运人的行为或者实际承运人的受雇人、代理人在受雇或者受委托的范围内的行为负责。"根据该条规定，即使承运人将货物运输的全部或者部分委托给实际承运人履行，仍须对实际承运人及其受雇人、代理人的行为负责，因此《海商法》第 63 条中的"都负有赔偿责任"主要是看实际承运人是否承担法定的赔偿责任，如须承担，意味着承运人也就具备了为之负责而同样承担责任的条件。

由此可见，承运人与其独立型履行辅助人是否"都负有赔偿责任"，主要是看独立型履行辅助人是否具有不可免责的过错以及按照海上货物运输法的规定是否应向货方承担赔偿责任。如是，无论承运人本人是否对同一货损具有不可免责的过错，独立型履行辅助人应与之承担连带赔偿责任。唯一的例外在于，如果承托双方在订立的运输合同中已经明确约定，由承运人以外的某一独立型履行辅助人完成海运航程中某一特定区段的运输义务，并对掌管货物期间所造成的货物损害自负其责，此时，承运人不再向货方承担赔偿责任，索赔方只能向造成货损的独立型履行辅助人追究责任。我国《海商法》第 60 条第 2 款、2013 年《德国海商法》第 512 条均作出类似的规定。

第三，承担连带责任之后的内部追偿问题。

由于承运人与独立型履行辅助人在都负赔偿责任的前提下对货方承担的是连带责任，因此他们之间存在相互追偿的问题。《海商法》第 65 条规定："本法第六十条至第六十四条的规定，不影响承运人和实际承运人之间相互追偿。"需要注意的是，承运人与实际承运人等独立型履行辅助人在承担连带责任之后的内部追偿关系中，承运人向其履行辅助人的追偿为多数情况。因为，通常情况下由于履行辅助人处于实际掌管货物的状态，承运人并不存在管船或管货过失的可能性。

因此，一旦在独立型履行辅助人负责的海运区段或者港口陆地区域发生货运事故，承运人基于"为履行辅助人负责"的原则而向货方承担赔偿责任后，会向作为实际掌管货物并因管货过失造成货物损害的直接责任人和终局责任人——国际海运承运人之履行辅助人进行内部追偿；反之，履行辅助人实际赔付后，由于承运人不直接掌管货物且不存在管货过失，自然极少出现反向追偿的法律关系。根据独立型履行辅助人与承运人之间具体的独立合同类型的不同，承运人追偿的依据可以是海上货物运输合同也可以是租船合同，还可能是港口作业合同或陆地运输合同等。

需要注意的是，在涉及定期租船的海上货物运输中，既可能发生承运人向独立型海上履行辅助人追偿的一般情形，也可能发生独立型海上履行辅助人向承运人追偿的情形。因为在定期租船合同下，货物运输是在作为承运人的承租人和作为独立型海上履行辅助人的出租人共同参与下进行的。因此，可能发生承运人的单独过错或者二者共同的过错而导致货物的灭失、损害或迟延交付，此时一旦货方向独立型海上履行辅助人请求全部赔偿，在履行辅助人赔付后将会发生向承运人追偿的问题。

在航运实务中，承运人向其独立型履行辅助人进行内部追偿时，经常发生的法律问题是：履行辅助人在运输过程中因过错造成货物损坏时，承运人对其内部追偿是否应以先行向货物权利人作出赔付为前提条件，相关案件的审判结论给予了肯定的答案。日本振兴会社诉中远公司、奥吉公司一案中，① 上海海事法院经审理认为，振兴会社主张中远公司及奥吉公司应承担违反运输合同约定所产生的损害赔偿责任，必须证明振兴会社的损失已实际发生，且违约行为与损失之间存在因果关系，这是认定损害赔偿责任的前提。本案中，振兴会社提供的证据不能证明其向收货人获森公司进行赔付的损失已实际发生，应自行承担举证不能的法律后果。遂判决对振兴会社的诉讼请求不予支

---

① 中国涉外商事海事审判网：http://www.ccmt.org.cn/shownews.php? id = 3936。最后访问日期：2003 年 7 月 11 日。

持。上海市高级人民法院经审理认为，从本案现有证据分析，涉案货物的托运人为浙江公司，收货人为荻森公司，振兴会社接受托运人委托运输涉案货物，为涉案货物的承运人；奥吉公司在中远公司授权范围之内代中远公司向振兴会社签发了涉案货物的海运提单，该提单显示承运人为中远公司，并由中远公司实际完成了涉案货物的海上运输。据此，中远公司符合《海商法》第42条第（二）项规定"接受承运人委托，从事货物运输或者部分运输的人，包括接受转委托从事此项运输的其他人"之法律特征，应为涉案货物的实际承运人。涉案货物实际承运人中远公司向承运人振兴会社签发的提单可以作为二者之间运输合同关系的证明，但振兴会社已经从中远公司处提取了货物，并将货物交给了通过合法转让获得振兴公司提单，并据此提取货物的收货人荻森公司，荻森公司申请对货物进行检验并发现了货损。至此，有权就涉案货物货损行使权利的主体应为收货人荻森公司，或者通过赔付等方式从收货人荻森公司处受让涉案货物权利的人。

根据《海商法》第60条第1款、第63条的有关规定，承运人与实际承运人都（对货物权利人等）负有赔偿责任，应当在此项责任范围内负连带责任。而连带责任味着多个债务人中的任何一个债务人都有义务先行对债权人履行全部债务，并可在已经履行债务的基础上再依法向其他债务人追偿。故本案承运人振兴会社向实际承运人中远公司进行追偿，应以向收货人作出赔偿或获得其权利转让为前提条件。

这一案例所确立的原则体现了海上货物运输法所特有的承运人与其独立型履行辅助人之间的责任关系。作为连带责任内部追偿关系中的承运人，追偿时处于债权人货方的法律地位。因此，承运人应证明自己已经对外履行了连带债务进而取得了货方地位，这是承运人有权向其履行辅助人追偿的前提。本案具有物权和提货凭证功能的提单经过合法流转之后，由支付了相应货款对价的收货人荻森公司持有并据此提取货物。此时对货物享有权利、有权对货损提出索赔的主体应为荻森公司，而不是托运人浙江公司。故本案承运人振兴会社向实际承运人中远公司进行的追偿，因未能证明其已就涉案货损向权利人（收货人荻森公司）进行了赔付，或者其受让的权利来源于有权转让涉案货物权利的收货人获森公司而不能获得支持。否则还可能发生实际承运人遭受承运人和收货人双重索赔的问题。本案较好地解决了承运人与独立型履行辅助人对外责任的承担及两者内部追偿的关系,对于海运实务及海事审判具有一定的指导意义和参考价值。

总之,当国际海运承运人之履行辅助人的过错行为导致货物的灭失、损害或者迟延交付时,在对货方的赔偿责任方面将发生履行辅助人的侵权责任亦即法定的合同责任与承运人合同责任的重合,这就是国际海运承运人之履行辅助人与承运人之间的外部责任关系。由于从属型履行辅助人一般不具备独立承担赔偿义务和责任的资格,因此,法院一般会判令由承运人直接向货方承担赔偿责任,无须从属型履行辅助人承担连带责任。但是,由于不同国家的国内法对"雇主责任"和代理制度有不同的理解,为了防止从属型履行辅助人在一些例外情况下承担责任,在海上货物运输法中赋予其享有"喜马拉雅条款"的法定保护还是非常有必要的。而独立型履行辅助人作为独立的责任主体,在海上货物运输法下承担对货方外部责任的形式为与承运人负连带赔偿责任,这对于加强受损方利益的保护大有裨益。但是,这一连带责任的规定也有例外。根据美国1999年《海上货物运输法》草案的规定,[①] 虽然契约承运人在运输合同涉及的全部期间内将承担责任和义务,但没有明确与实质上的履行辅助人——海上承运人及履约承运人是否负连带责任。从相关的规定来看,草案似乎更强调个人责任,例如适航义务的承担者仅为契约承运人和海上承运人,但两者是否承担连带责任并未明确。这种各责任主体不承担连带责任的作法使受损方丧失了追偿连带之债的既得利益,对于受损方索赔在一定程度上有所限制。

综上所述,通过对运输合同相对性的突破,与货方形成法定合同关系的国际海运承运人之履行辅助人具有类似于运输合同主体的法律地位。在与货方产生法律联系时,根据海上货物运输法的规定,不同类型的国际海运承运人之履行辅助人所具有的运输合同项下的权利和

---

① 参见美国1999年《海上货物运输法》草案第6条"承运人和船舶的义务"中的规定。

义务既有共性之处，也有区别与差异，这与不同类型的履行辅助人对运输合同内容的不同突破是紧密相连的。在赔偿责任方面，从责任性质上看，国际海运承运人之履行辅助人向货方承担赔偿责任的性质应为法定的合同责任。从责任期间上看，国际海运承运人之履行辅助人的责任期间是指在承运人的责任期间内，国际海运承运人之履行辅助人因违反海上货物运输法规定的强制性义务而导致或促成货物的灭失、损坏或迟延交付，为此国际海运承运人之履行辅助人应依据海上货物运输法承担赔偿责任的期间。由于不同类型履行辅助人掌管货物的期间不同，其具体的责任期间也不尽相同。从归责原则上看，由于海上货物运输法愈加重视对受害人的救济和补偿，同时具有加重承运人责任承担的发展趋势，取消航海过失免责和火灾过失免责，使承运人及国际海运承运人之履行辅助人责任的归责原则由不完全过错责任制转变为完全的过错责任制，且为推定过错责任，既符合海上货物运输领域承运人责任制度的发展趋势，也符合"为履行辅助人负责"的民法原则。从举证上看，当索赔方以管货环节存在过错为由向承运人或国际海运承运人之履行辅助人提出索赔诉讼时，对后者诉讼的举证责任一般会重于前者。因为，针对履行辅助人提起的诉讼，索赔方必须首先证明货物的损害发生在履行辅助人掌管货物的期间，才能推定履行辅助人有管货义务上的过错，而针对契约承运人提起的诉讼并不需要证明货物必须在承运人的掌控或者占有之下。从国际海运承运人之履行辅助人向货方承担赔偿责任的具体形式上看，一般而言，从属型履行辅助人不具备独立承担海上货物运输法下赔偿义务和责任的主体资格，基于"为履行辅助人负责"的原则，承运人将独立向货方承担赔偿责任。而独立型履行辅助人在符合海上货物运输法规定的条件下将与承运人负连带赔偿责任。

第 五 章

国际邮轮——国际海上旅客运输领域一类特殊类型的履行辅助人

第一节 认识邮轮

近年来在国际邮轮业蓬勃发展的背景下,作为世界造船大国和港口大国的中国,在2016年以210万的邮轮旅客规模成为全球第二大邮轮市场,有多个国内港口提出建设国际邮轮母港的目标,中国邮轮经济已进入全产业链发展阶段。截至2020年3月,通过对辽宁、内蒙古、吉林、黑龙江地区的旅行社以及通过微信公众号等新媒体方式对不特定人群进行了问卷调查,获得以大连港[①]为始发地的邮轮旅客在来源地区分布、年龄分布、收入职业分布、对邮轮旅游的满意程度、希望改进的服务内容以及新冠肺炎疫情后是否还会选择邮轮出行的旅游方式等数据。希望通过本次问卷调查分析,梳理邮轮旅客的诉求和维权方式,从而为新时代邮轮旅游业长效发展保驾护航。

第一,邮轮旅客来源分布。

根据大连港邮轮旅客来源统计数据,从大连港始发的国际邮轮旅

---

① 大连港是中国最早接待国际邮轮的港口之一。近十年间,每年都有十几艘国际豪华邮轮靠港,但是由于之前一直没有成为国际邮轮始发港,东北及内蒙古一带的游客如果乘坐豪华邮轮出境旅游,需要辗转天津或上海等港口登船。2015年8月"中华泰山号"邮轮从大连港始发,5个航次全部满员,大部分游客来自东北。2016年7月20日,"海洋神话号"从大连港起航驶往日本,是自大连港首艘始发的外籍邮轮,也标志着大连港国际邮轮中心正式开港。以下表格数据均是以大连港邮轮旅游业相关信息为调查研究对象而得出。

客主要来自东北地区（见表5-1）：

表5-1　　　　从大连港始发的邮轮旅客来源城市分布

城市	大连	沈阳	丹东	长春	吉林	哈尔滨	呼和浩特	其他城市
占比	52.7%	9.1%	7.8%	4%	3.7&	3.6%	3.5%	15.6%

由此可见，东北地区对邮轮出行的旅游方式比较认可，大连港邮轮旅游业的长效发展必将带动和激发东北经济新的增长。

第二，邮轮旅客年龄分布。

根据大连港邮轮旅客来源统计数据，以及东北三省部分旅行社的调查问卷显示，从大连港始发的国际邮轮旅客中，中、高年龄段旅客以及家庭游旅客占比较大（见表5-2）：

表5-2　　　从大连港始发的邮轮旅客年龄分布（年龄单位为周岁）

年龄＼年度	大于70岁	60—69岁	50—59岁	40—49岁	30—39岁	20—29岁	10—20岁	小于10岁
2018	20%	18%	16%	15%	14%	7%	2%	8%
2019	21%	18%	15%	15%	13%	7%	2%	9%

由于邮轮旅游大部分时间在邮轮上度过，旅客无须下船就可以体验到各种美食餐饮、休闲、娱乐、购物、运动等度假项目，这对于生活节奏慢、行动能力差的中老年人群适配度较高，也能满足以休闲度假旅行为目标的家庭游出行，故在邮轮旅客群体中，中高年龄段旅客以及家庭游旅客比例较高。

第三，邮轮旅客收入情况分析（见表5-3）。

表5-3　　　　从大连港始发的邮轮旅客收入情况统计

选项（月收入）	人数	比例
一万元以上	158	44%

续表

选项（月收入）	人数	比例
七千至一万元	116	32%
四千至七千元	58	16%
四千元以下	14	4%
不固定	14	4%
合计	360	100%

目前国内的邮轮旅游市场存在过度竞争、低价揽客问题。在国外，邮轮旅游船票的营销方式是邮轮公司直接与旅客签订邮轮旅游合同。在我国，为了规避目前旅游市场对外资邮轮公司的限制，国内旅行社包船再分销的合同模式导致高端邮轮游卖出白菜价，这也是低收入人群也能负担邮轮旅游出行的很大原因。[①]

第四，邮轮旅客满意程度分析（见表5-4）。

表5-4　　邮轮旅客对大连港始发邮轮航次的满意度

选项	人数	比例
非常满意	15	4%
比较满意	172	48%
一般	73	20%
不太满意	72	20%
很不满意	28	8%
合计	360	100%

第五，邮轮旅客期待提升服务的项目内容（见表5-5）。

---

① 郭萍：《促进邮轮产业发展法制保障论略》，《法学杂志》2016年第8期，第48页。

表 5-5　　　　　从大连港始发的邮轮旅客期待提升
服务质量的项目内容统计

选项	人数	比例
行程及服务擅自变更	181	50%
邮轮内项目设施	72	20%
餐食服务	25	7%
住宿服务	23	6%
邮轮内购物服务	10	2%
下船后陆上行程	19	6%
下船后陆上购物服务	27	8%
其他	3	1%
合计	360	100%

根据调查数据分析，邮轮公司擅自变更行程成为邮轮旅客诟病并希望能有所改善的邮轮服务项目第一位。目前，邮轮公司制定的变更行程及服务条款给予了承运人较大的随意性。《皇家加勒比邮轮承运条款》第 6 条和《丽星邮轮公司的承运条款》第 5 条等均规定承运人可在任何时间、基于任何理由取消、提前、延后或背离预订的航线、停靠港口、目的地等，无须事先通知，并且承运人不承担乘客以此为理由提出的任何索赔责任。这些免责条款使旅客在邮轮旅游纠纷中很难获得赔偿或索赔。[①]

第六，新冠肺炎疫情后是否还会选择邮轮出行的旅游方式。

2020 年 3 月 1 日至 28 日，我们通过微信公众号等新媒体方式对不特定人群进行了问卷调查，内容是新冠肺炎疫情结束后，是否还会选择邮轮出行的旅游方式。回收的问卷数据显示，73% 的受访者表示近

---

① 陈风润：《邮轮旅游本土化进程法律协调之困与因应选择》，《法学杂志》2018 年第 9 期，第 115 页。

三年内将不会考虑邮轮出行的旅游方式，25%的受访者表示不确定，2%的受访者表示今后不再考虑邮轮出行的旅游方式。由此可见，邮轮游这一出行方式受到类似新冠肺炎疫情等突发公共卫生事件的影响巨大，如何在后疫情时代提振社会公众对邮轮游出行的信心，这对于当地政府、邮轮公司乃至整个邮轮产业都将是个重大的挑战。

第七，邮轮旅游纠纷的案由分析。

邮轮旅游作为新兴的事物，在带来经济勃兴和满足消费者需求的同时，有关邮轮旅客人身损害纠纷的数量也呈现增长趋势。根据2012年7月至2019年12月统计的55个邮轮旅客为原告的民事纠纷案件，相关的案由主要包括旅游合同纠纷，生命权、健康权、身体权纠纷以及海上、通海水域人身损害责任纠纷三大类案由。其中，造成邮轮旅客在邮轮上人身伤亡事故的具体事项包括：

（一）滑倒、绊倒和摔倒；

（二）失踪；

（三）溺水等泳池事故；

（四）食物中毒、肠胃紊乱、晕船、恐惧、失眠等身体上的不适和疾病；

（五）其他。

违反约定影响邮轮旅客出游的其他事项包括：

（一）邮轮公司更改航行路线影响旅客出游；

（二）房间噪声事件；

（三）邮轮旅客因预定舱位与安排舱位不符；

（四）其他。

在司法实践中，以组团社为被告的违约之诉为邮轮旅客解决人身损害纠纷的首选，而以邮轮公司为被告的诉讼比例则比较低，这与邮轮公司在我国邮轮旅游业的特殊法律地位有着重要的关系。

第二节 邮轮公司在邮轮旅客人身损害纠纷中的法律地位

一 邮轮公司在与邮轮旅客存在直接合同关系下的法律地位

在国外，邮轮旅游通常是只存在于旅客和邮轮公司两方主体之间的活动，即旅客和邮轮公司之间存在以邮轮客票为载体的邮轮合同关系，该合同同时具备海上运输合同和海上旅游服务合同的混合属性。[①] 以皇家加勒比邮轮公司客票为例，其内容包括邮轮船舶情况概述、旅游设施概述、旅游所需文件、挂靠港口说明、登轮前计划安排、相关准备工作、享受服务情况概述、常见问题、邮轮客票合同正文、收费规则、随行行李注意事项等十余项，多达16页。此外还有其他一些具体要求和内容需要旅客注意查看或登录邮轮公司官方网站进一步了解。可以说，该客票手册包含了邮轮合同的主要内容。[②] 因此，在邮轮旅客直接从邮轮公司购票的情况下，邮轮公司属于邮轮合同的一方主体，邮轮旅客针对邮轮旅游过程中发生的人身损害可向邮轮公司提出侵权或者违约之诉。但是，需要注意的是，一些大型豪华邮轮上的娱乐设施也并非邮轮承运人所有，而是由其他经营者在邮轮上提供相应服务。此时，其他经营者也将承担相应的责任。

二 邮轮公司在组团社组织邮轮旅游情况下的法律地位

目前，国内旅客参与跨国邮轮旅游的方式主要是通过与国内旅行社签订包价旅游合同，该旅行社（组团社）与邮轮公司再通过协议完成邮轮旅游服务，而非直接同邮轮公司办理登船旅游手续。在该种模式下，存在邮轮旅客、组团社和邮轮公司三方主体。其中，根据《旅

[①] 郭萍：《邮轮合同法律适用研究——兼谈对我国〈海商法〉海上旅客运输合同的修改》，《法学杂志》2018年第6期，第79页。

[②] 郭萍：《邮轮合同法律适用研究——兼谈对我国〈海商法〉海上旅客运输合同的修改》，《法学杂志》2018年第6期，第77页。

游法》第 111 条第 6 款①对履行辅助人的界定，在组团社包价旅游的模式下，其与邮轮旅客之间属于旅游服务合同关系，在此种关系下，邮轮公司属于组团社履行合同义务的履行辅助人。而根据《旅游法》第 71 条②的规定，组团社对邮轮旅客承担着"窗口责任"，即无论基于组团社自身抑或是地接社、履行辅助人的原因，邮轮旅客均可以组团社为被告提起违约或者侵权之诉进行法律救济。尽管承担这种"窗口责任"无疑将会增加旅行社受诉的比例和负担，但这主要是基于政策的考量以及旅游者方便诉讼的原则。并且，即使由于履行辅助人邮轮公司自身的原因造成邮轮旅客人身损害等损失的，旅客可以向其直接追责，但是以邮轮公司为被告的侵权之诉所占的比例并不大。究其原因，一是根据航运惯例及格式合同条款，邮轮公司具有多项免责事由及责任限制的利益；二是目前在我国经营跨境旅游的邮轮公司多为外资邮轮，仅有的几家中资邮轮公司旗下邮轮则属于"方便旗船"，均在海外登记注册，针对其提起侵权诉讼，原告在法院管辖、适用法律、举证方面均存在一定的困难。在这种责任规制下，不可避免地将存在组团社责任与邮轮公司责任不对等的情形。那么，针对海上航程中出现的人身损害邮轮公司应承担何种法律责任？如果邮轮旅客以组团社和邮轮公司为不同被告提起侵权之诉或者违约之诉是否可行？不同被告、不同案由之诉在责任构成条件、法院管辖、适用法律、赔偿结果等方面有何不同？在新冠肺炎疫情等突发公共卫生事件下，涉疫邮轮上旅客权益的保障措施、邮轮本身防疫制度系统的建设应如何完善？这些问题需要在理论上加以梳理，也需要通过司法实务中的具体案例加以分析。

---

① 《旅游法》第 111 条第 6 款规定："与旅行社存在合同关系，协助其履行包价旅游合同义务，实际提供相关服务的法人或者自然人。"

② 《旅游法》第 71 条第 6 款规定："由于地接社、履行辅助人的原因导致违约的，由组团社承担责任；组团社承担责任后可以向地接社、履行辅助人追偿。由于地接社、履行辅助人的原因造成旅游者人身损害、财产损失的，旅游者可以要求地接社、履行辅助人承担赔偿责任，也可以要求组团社承担赔偿责任；组团社承担责任后可以向地接社、履行辅助人追偿。但是，由于公共交通经营者的原因造成旅游者人身损害、财产损失的，由公共交通经营者依法承担赔偿责任，旅行社应当协助旅游者向公共交通经营者索赔。"

第三节　邮轮公司在邮轮旅客人身损害纠纷中的法律责任

一　案例介绍

案例一：尤海红、尤海苗等与同程国际旅行社有限公司杭州分公司、同程国际旅行社有限公司等生命权、健康权、身体权纠纷案。

尤海苗和金某（尤海苗之母）于2016年8月30日参加被告旅行社组织的"歌诗达邮轮赛玲娜号上海—济州—福冈—上海4晚5日"的活动。由于旅客在房间安排方面发生纠纷，尤海苗和金某的房间被领队调整至相距较远的位置，金某在调房过程中情绪较为激动，次日凌晨身体出现昏迷等症状，当日14时邮轮因强风未停靠济州岛。9月1日金某被送到日本福冈医院，诊断为脑死亡（在船上已脑死亡）。原告认为，被告未安排尤海苗与金某同宿，随意改变住宿房间，导致金某情绪波动血压升高引发疾病。金某发病后，被告未予足够重视及采取有效的救治措施，特别是8月31日14时邮轮应停济州岛而未停靠，使金某丧失上岸手术治疗抢救的最佳机会，遂以被告提供旅游团服务未全面履行人身安全保障义务为由提起侵权之诉，歌诗达邮轮船务（上海）有限公司为第三人。法院认为，被告作为旅游经营者对游客应当负有告知和警示义务，但被告在舱位安排分配过程中未能考虑安排家属就近照顾，亦未对其身体是否适宜旅行进行特别警示；在金某发病之后，被告并未积极与船方沟通协调有无其他救助方案的可能性或提出上岸申请，在履行救助义务时存在一定过错，与金某的死亡之间存在一定的因果关系。鉴于金某死亡的主要原因是其自身疾病，本人也未考虑到作为老年人远赴国外旅游的自身身体状况和适应能力，故其自身应当承担主要责任，被告承担20%的次要赔偿责任。

案例二：羊某某与英国嘉年华邮轮有限公司海上、通海水域人身损害责任纠纷案。

2015年8月，羊某（幼儿）和其母（羊某某）与国内某旅行社签订邮轮旅游合同，登上英国嘉年华邮轮有限公司的"蓝宝石公主"

号,从上海出发,赴韩国、日本游玩。在邮轮返沪途中,羊某在没有羊母陪伴的情况下去船上泳池戏水,后被船上其他游客发现溺水,将其从泳池中救出。泳池边竖有中英文健康与安全须知告示牌,内容包括"无救生员当值时,游客自行承担安全责任;16岁以下孩童若无责任成人监护不得使用泳池"等。羊母代羊某以侵权为由将邮轮公司告上法庭,旅行社为第三人,最终案件由上海海事法院受理。法院认为,原告母亲作为法定监护人对原告的人身安全负有保护义务,被告作为"蓝宝石公主"号邮轮的经营者,应当负有对游客的人身安全保障义务。因此,原告和被告对本次事故的发生均有过错,原告承担20%的责任,被告承担80%的责任。

二 邮轮公司法律责任的比较分析

如前文所述,目前我国主要采用组团社包价旅游的模式运作邮轮旅游,这种特殊性导致邮轮旅客与实际提供运输、观光、游览、休闲活动的邮轮公司在对方信息的获取、交流与交换上存在障碍,一旦组团社与邮轮公司没有衔接好,就会造成旅客权益受损难以保障,国内立法的空白也会导致责任主体相互推诿拒绝承担责任情形的发生。理论与实务的碰撞促使我们对如何加强保障邮轮旅客的人身权益需作进一步的法律思考,而解决纠纷的关键就在于厘清邮轮旅游的三方主体之间的各种法律关系(见图5-1),并在立法层面明确邮轮旅游的基础合同及其法律适用。

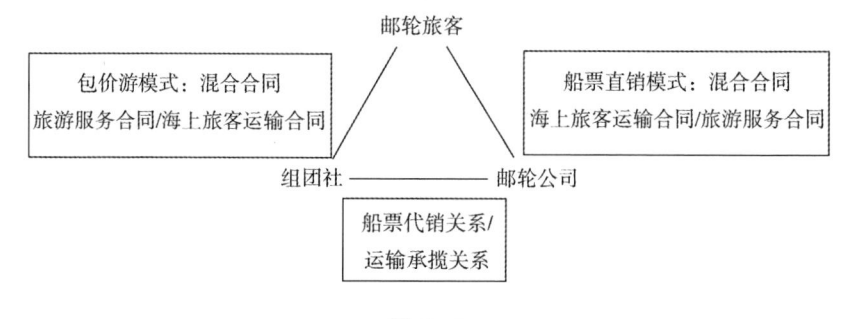

```
                        邮轮旅客
          ┌─────────────┐         ┌─────────────┐
          │包价游模式:混合合同│         │船票直销模式:混合合同│
          │旅游服务合同/海上旅客运输合同│         │海上旅客运输合同/旅游服务合同│
          └─────────────┘         └─────────────┘
                  组团社 ──────── 邮轮公司
                        ┌──────────┐
                        │船票代销关系/│
                        │运输承揽关系│
                        └──────────┘
```

图 5-1

(一) 邮轮旅游纠纷中的侵权之诉

第一，邮轮旅客人身损害纠纷中侵权责任的法律构成。

根据《民法典》侵权责任编的规定，如果行为人侵犯了旅游者的人身权、财产权等权利时，应当承担停止侵害、排除妨碍、消除危险、返还财产、恢复原状、赔偿损失、赔礼道歉、消除影响、恢复名誉等侵权责任。结合以上案例，在邮轮旅游的海上航程中，如果组团社或者邮轮公司侵犯了邮轮旅客的人身权，后者可以向组团社或者邮轮公司提起侵权之诉，要求其承担人身损害赔偿责任。而是否符合侵权责任的法律构成要件，是邮轮旅客的法律救济能否实现的前提。

1. 组团社和邮轮公司承担侵权责任的共同构成要件

在过错责任原则下，侵权责任的构成要件包括行为人主观上的过错、侵权行为、损害事实以及二者之间的因果关系。无论是组团社还是邮轮公司，侵犯邮轮旅客人身权的致害行为均应适用过错责任的归责原则，因此二者侵权责任的承担均需要具备以上四个要件，在以上两个案例中具体表现如下：

在案例一"尤海红、尤海苗等与同程国际旅行社有限公司杭州分公司、同程国际旅行社有限公司等生命权、健康权、身体权纠纷案"中，被告旅行社的领队在舱位安排分配过程中未考虑到老年旅客的特殊性管理，没有尽量安排家属就近照顾，可以认定被告提供的旅游服务在保障人身安全方面存在一定的瑕疵；金某作为60岁以上的老年人在调房过程中情绪较为激动，组团社并未给予金某特别的提醒和告知，提醒其身体是否适宜旅行等警示，可以认定被告违反告知义务；被告在金某发病过程中除"探望"外并未与船方积极沟通协调有无其他救助方案或者曾经提出上岸申请，而在旅游途中，导游或领队应适当关注旅客的身体及精神状况，发现旅客身体不适的，要随时注意其身体情况变化，并及时联系医疗机构就诊。因此，可以认定被告在履行救助义务方面存在过错，并与金某的死亡存在一定的因果关系。最后，法院判定被告同程国际旅行社未完全履行安全保障义务，对金某的死亡应承担侵权赔偿责任。但基于其死亡的直接原因是自身疾病，并且作为老年人，没有准确判断自身身体状况能否适应长途旅游及在海上航行可能遭遇的风险，故其自身应当承担主要责任，被告承担次要责任。

在案例二中，被告邮轮公司在对泳池的管理和安全保障方面，在受害人溺水后本应采取的施救义务方面均存在瑕疵，违反安全保障义务，该侵权行为与受害人溺水后处于植物性昏迷状态有直接的因果关系。并且，涉案邮轮在一年前曾发生成年游客溺亡事故，庭审中被告也没有说明在事故后采取任何的改进或补救措施，本案中被告现场工作人员针对未穿戴任何救生设施的儿童、无成年人看管的儿童进入泳池，并无任何询问或者劝阻等有效的防范和管理，而是采取放任的态度，因此可以认定被告在履行安全保障义务和救助义务方面存在过错。据此，邮轮公司应对受害人的人身损害承担主要的侵权赔偿责任，受害人的法定监护人因未尽到应有的监护责任，承担次要责任。

2. 组团社和邮轮公司承担侵权责任在法律构成上的区别

无论以组团社抑或以邮轮公司为被告，邮轮旅客人身损害纠纷中侵权责任的法律构成要件均为前文所述之四项内容。但是，在组团社承担侵权责任时，除在符合上诉侵权责任四个构成要件的情形下需要向邮轮旅客担责外，根据《旅游法》第71条第2款的规定，组团社向邮轮旅客承担侵权责任还存在第二种情形，即因地接社、履行辅助人的侵权行为而非组团社自身的原因，造成旅客的人身损害或财产损失，而这在邮轮公司承担侵权责任时是不存在的。

在司法实践中，因他人原因导致组团社承担旅客人身损害赔偿责任的情形在邮轮旅游的法律纠纷中占有很大比例，但是，在《旅游法》出台之前，这种案件大部分是违约之诉，究其原因，除受举证能力及管辖法院的限制以外，适用法律的限制性规定也是主要原因之一。在《旅游法》出台前，人民法院处理旅游纠纷中的侵权案件主要适用的是原《中华人民共和国侵权责任法》（以下简称《侵权责任法》）以及《关于审理旅游纠纷案件适用法律若干问题的规定》，根据后者第14条的规定，因旅游辅助服务者的原因造成旅游者的人身损害由旅游辅助服务者承担侵权责任，旅游经营者对旅辅助服务者未尽谨慎选择义务的则要承担补充责任。据此，因邮轮公司等履行辅助人的原因导致邮轮旅客发生人身损害时，组团社承担侵权赔偿责任的前提是未尽谨慎选择的义务，且该赔偿责任是具有顺位关系的补充责任，一旦组团社能够举证证明自己在邮轮公司的选定方面已经谨慎选择之义务则可以免责。这与《旅游法》第71条第2款所规定的"因地接社、履行辅助人的原因造成旅游者人身损害的，旅游者可以要求地接社、履行辅助人承担赔偿责任，也可以要求组团社承担赔偿责任"完全不同，该条款施加给组团社可能承担的侵权责任是没有任何附加条件和顺位关系的直接责任，明确规定了组团社与履行辅助人在侵权责任承担上的不真正连带责任。①这对于旅客或者旅游者维权而言无疑是利好的规定，对于司法实践的统一也具有指导作用。《旅游法》实施之前，旅游者以侵权为由起诉组团社与地接社或者履行辅助人的，法院的判决结果不统一，包括判决承担补充责任、按份责任、连带责任的不同结果。②《旅游法》实施之后，则判决结果应统一为组团社或者地接社、履行辅助人单独承担赔偿责任的方式，以及组团社与地接社、履行辅助人承担连带责任的方式。但对于组团社或者旅行社而言，承担这种"窗口责任"无疑将会增加自己受诉的比例和负担。鉴于《旅游法》针对该种情形下组团社承担侵权责任具体方式的规定和之前《关于审理旅游纠纷案件适用法律若干问题的规定》的相关规定有所变化，这种立法上的冲突可能会对司法实践产生一定的不利影响。

综上所述，无论是组团社作为群众性活动的组织者，抑或是邮轮公司作为管理人，提供运送旅客的交通工具及休闲娱乐的公共场所，二者均具有安全保障义务，未尽到安全保障义务，符合侵权责任构成要件的，应为邮轮旅客的人身损害承担侵权责任。而对于组团社而言，还要承担因地接社、履行辅助人等第三人的侵权行为而造成的"窗口

---

① 周江洪：《从"旅游辅助服务者"到"履行辅助人"》，《旅游学刊》2013年第9期，第17页。

② 中国旅游报：《浅谈〈旅游法〉对旅行社安全保障义务及责任的规制》，中国旅行社协会网，http://cats.org.cn/lilunyuandi/yewu/21754，最后访问日期：2013年12月10日。

责任"。但是，邮轮旅游领域发生的旅客人身损害纠纷中，以邮轮公司为被告的侵权之诉所占的比例并不大。究其原因，一是根据航运惯例及格式合同条款，邮轮公司具有多项免责事由及责任限制的利益；二是目前在我国经营跨境旅游的邮轮公司多为外资邮轮，仅有的几家中资邮轮公司旗下邮轮则属于"方便旗船"，均在海外登记注册，针对其提起侵权诉讼，原告在法院管辖、适用法律、举证方面均存在一定的困难。

第二，邮轮旅客人身损害纠纷中的管辖权和法律适用问题。

在前文两起案例中，享有管辖权的法院因不同的案由和被告而有所不同，涉诉纠纷所适用的法律也有所区别。

1. 管辖权的区别

根据案例一，针对组团社提起侵权之诉的具体案由为生命权、健康权、身体权纠纷，管辖的法院为普通法院，这与案例二中针对邮轮公司提起的侵权之诉有所不同，在案例二中，原被告双方首先针对法院管辖权发生异议，原告认为被告邮轮公司嘉年华公司在上海市黄浦区设有上海代表处，该代表处应当被视为黄浦区人民法院管辖的连接点；嘉年华公司主张旅客人身损害发生在船舶之上并且处于海上旅客运输过程中，本案应由上海海事法院专门管辖。上海市第二中级人民法院根据本案起诉当时适用的《最高人民法院关于海事法院受理案件范围的若干规定》第 8 条的规定，① 认为本案系旅客在邮轮上发生的溺水人身损害纠纷，属于海上人身损害责任纠纷应由海事法院专门管辖。同时，根据《中华人民共和国民事诉讼法》第 265 条的规定，因合同纠纷或者其他财产权益纠纷，对在中华人民共和国领域内没有住所的被告提起的诉讼，可由其代表机构住所地人民法院管辖。嘉年华公司在上海设有代表处，因而上海海事法院对于本案具有管辖权。根据上海市中院管辖权异议的裁定，旅客在邮轮旅游的海上航程中发生人身损害向邮轮公司提起侵权之诉，其具体案由应属海上人身损害责

---

① 《最高人民法院关于海事法院受理案件范围的若干规定》第 8 条规定："船舶在海上或者通海水域进行航运、作业，或者港口作业过程中的人身伤亡事故引起的损害赔偿纠纷案件。"

任纠纷，由海事法院专属管辖，不同于案例一针对组团社提起侵权之诉的生命权、健康权、身体权纠纷，由普通法院管辖。而普通法院的管辖和海事法院的专属管辖也决定了审理案件时所适用的法律必将有所区别，继而对受害人也将产生不同的救济结果。

2. 法律适用的区别

在以组团社为侵权责任被告的案例一中，法院审理案件时适用的法律包括原《侵权责任法》《旅游法》《关于审理旅游纠纷案件适用法律若干问题的规定》和《最高人民法院关于审理人身损害赔偿案件适用法律若干问题的解释》（以下简称《关于审理人身损害赔偿案件适用法律若干问题的解释》）等中国法律。而在以邮轮公司为被告的案例二中，双方当事人争议的焦点之一就是涉案纠纷的准据法应为中国法还是英国法，如果适用英国法，被告邮轮公司所承担的赔偿金额将大大超过适用中国法应承担的赔偿结果，这也是邮轮旅客在人身损害侵权纠纷中选择诉之对象时应考虑的因素之一。

由于目前大部分从事跨境邮轮旅游业务的邮轮公司都是外国籍船舶，少数几艘中资邮轮也是在方便旗国家登记注册，因此针对这些含有涉外因素的邮轮公司提起侵权之诉，需要根据《中华人民共和国涉外民事关系法律适用法》（以下简称《法律适用法》）的指引确定准据法。其中，《法律适用法》第44条对侵权责任的法律适用做出规定："侵权责任，适用侵权行为地法律，但当事人有共同经常居所地的，适用共同经常居所地法律。侵权行为发生后，当事人协议选择适用法律的，按照其协议。"可见，邮轮旅客人身侵权涉外案件在法律适用方面首先遵循的是意思自治原则，即原被告可协议选择适用的法律。那么在案例二中，邮轮旅客所持船票记载的法律适用条款是否可以认定为二者已经对此做出过协议，并按照该条款的内容确定准据法为"英国法"？这一观点显然没有被主审法院予以确认，毕竟邮轮船票在我国目前的法律环境下能否被认定为邮轮公司与旅客之间的海上旅客运输合同尚存争议，也就不能作为当事人在侵权行为发生后达成协议的佐证。另外"侵权行为地"通常理解为与某一国家或特定法域直接相关的地理位置，而邮轮是用于海上旅行观光的特殊交通工具，通常处于海上航行的动态过程中，并不属于地理位置的范畴，因此发生在邮轮上的这类特殊侵权纠纷，通常不应将船舶本身确定为侵权行为地，而船舶的船旗国法律更不能等同于侵权行为地法律。① 据此，案例二中法院没有适用《法律适用法》第44条来确定其准据法，而是适用最密切联系原则确定本案的准据法应为中国法，具体包括《中华人民共和国海商法》（以下简称《海商法》）、《1974年海上旅客及其行李运输雅典公约》（以下简称《1974年雅典公约》）、原《侵权责任法》和《关于审理人身损害赔偿案件适用法律若干问题的解释》等法律。由此可见，邮轮旅客在处于动态海上航程中产生的人身损害向外籍邮轮公司提起侵权诉讼，《法律适用法》有关准据法的规定存在一定的不适应性和模糊性。而邮轮船票的性质一旦在司法实践中可以确定为海上旅客运输合同的证明，那么票面上记载的法律适用条款即可认定为原被告双方协议选择适用的法律，进而也能使双方当事人对潜在的人身损害赔偿结果有所预判。

第三，邮轮旅客人身损害纠纷中的责任限制问题。

案例一和案例二在有关被告是否享有赔偿责任限制利益的问题上结论是迥然不同的。在案例一中，组团社不具备类似于邮轮公司在海上旅客运输中承运人的主体地位，不可能适用规定赔偿责任限制利益的运输法律。原因在于，根据《旅游法》第57条的规定，旅行社组织和安排旅游活动应当与旅游者订立合同，理论界的主流观点及司法实践均将该合同的性质界定为旅游服务合同，在履行该合同过程中如果组团社对邮轮旅客造成人身损害，无论诉因是侵权还是违约，适用的法律只可能是原《合同法》、原《侵权责任法》《旅游法》等法律，而不可能是调整运输关系的《海商法》等运输法，这也决定组团社承担侵权损害赔偿责任时不能享受运输法律中赋予承运人赔偿责任限制的权利。而在案例二中，邮轮公司能否享有运输法律中特有的责任限制利益成为原被告双方的争议焦点之一。案例二中的邮轮公司虽然认可依据原《侵权责任法》和《最高人民法院关于审理人身损害赔偿案

---

① 参见上海海事法院（2016）沪72民初2336号民事判决书。

件适用法律若干问题的解释》所确定的原告应获赔偿的范围和金额，但是认为自己符合实际承运人的身份，应享有《海商法》或者《1974年雅典公约》中有关承运人责任限制利益的规定，法院对此予以认可，并进一步认为，"虽然本案原告和被告之间没有以船票为凭证的运输合同证明，但双方事实上存在海上旅客运输合同关系，被告的身份符合公约'履行承运人'的规定，依法可以享有承运人的赔偿责任限额。"由此可见，该判决已然认定在以邮轮公司为被告的人身损害侵权纠纷中，邮轮公司可以享有运输法律中承运人的赔偿责任限制利益，这也与海事法院专门管辖、审理的结果相对应。只不过在案例二中，法院同时认为被告已丧失该项权利，理由是"蓝宝石公主"号邮轮在一年前已发生过成年游客溺亡事故的情况下，但并没有采取任何改进或补救措施，如按照中国法或者英国法有关泳池的规定配备救生人员、对泳池进行有效的防范和管理等行为，这符合公约有关承运人责任限制利益丧失的规定。①

根据以上法院对邮轮公司责任限制利益的论证，可以得出两点结论：一是在包价旅游合同的背景下，尽管邮轮船票不能作为邮轮公司与旅客之间存在海上旅客运输合同的证明，但二者之间的合同关系将会在司法实践中逐渐得以固定，而不仅仅停留在理论探讨的层面；二是认可邮轮公司具有海上旅客运输主体身份的结果之一就是其侵权责任的承担将受运输法律的调整，在赔偿责任方面将享有责任限制的利益，而在以组团社为被告的侵权之诉中，被告承担的将是没有责任限制的全额赔偿，这种差异性对遭受人身损害的邮轮旅客在如何选择被告时将产生一定的影响。

（二）邮轮旅游纠纷中的违约之诉

第一，邮轮旅客基于旅游服务合同向组团社提起违约之诉。

在理论界，通说认为邮轮旅客与组团社签订的合同法律性质应为

---

① 《1974年雅典公约》第13条第1款规定："如经证明，损失系承运人故意造成，或明知可能造成此种损失而轻率地采取的行为或不为所致，承运人便无权享有第7条和第8条以及第10条第1款规定的责任限制的利益。"

旅游服务合同，这也是司法实践达成普遍一致并予以确认的做法。我国裁判文书网也将"旅游合同纠纷"作为服务合同纠纷项下的一种具体案由，特别是《旅游法》第五章对"旅游服务合同"（以下简称旅游合同）进行专章介绍，具体到邮轮旅游中的包价旅游合同，其当事人应为组团社和邮轮旅客。上海市邮轮旅游合同示范文本（2015年版）和天津市邮轮旅游合同示范文本（2016年版）第一条均规定，"本合同示范文本供旅游者参加邮轮旅游与旅行社签订包价旅游合同时使用。"

基于该旅游合同，一旦组团社不履行或不完全履行合同义务，给邮轮旅客造成人身损害或者财产损失等后果，应当由组团社向邮轮旅客承担违约责任。根据《旅游法》第58条、第62条、第69条、第70条、第80条的规定，组团社违反合同义务的行为主要包括组团社擅自改变旅游行程、遗漏旅游景点、减少旅游服务项目、未达到旅游服务标准、未履行告知义务、未尽到安全提示、救助义务等行为。

第二，邮轮旅客基于海上旅客运输合同向邮轮公司提起违约之诉。根据学界通说以及既往的司法实践，旅客与邮轮公司之间不存在直接的合同关系，只能以邮轮公司侵权为诉因解决纠纷。但是，根据"羊某某与英国嘉年华邮轮有限公司海上、通海水域人身损害责任纠纷案"判决书的内容，之前仅停留在学界探讨的观点——邮轮公司与旅客之间存在海上旅客运输合同的关系予以认可，并且随着上海港成全国首家全面试点邮轮船票制度的港口，购票旅客可以凭票进港、凭票登船，旅客与邮轮公司之间的海上旅客运输合同也可通过邮轮船票加以证明，有利于我国邮轮旅游的消费者确定司法管辖地和法律适用以便解决纠纷。下一步仅需要在立法层面加以调整，确认邮轮公司在直接销售邮轮客票的模式下与旅客之间存在直接的海上旅客运输合同关系，旅客不仅可以通过侵权之诉也可以基于合同追究邮轮公司的人身损害赔偿责任。

需要注意的是，第一，由于邮轮旅客与组团社之间的合同性质是旅游服务合同，不同于邮轮旅客与邮轮公司之间海上旅客运输合同的性质，因此在以组团社为被告的违约之诉中，法院适用的法律主要是原《合同法》《旅游法》等法律，并未涉及海事海商方面的专门法律。而人民法院在审理邮轮旅客人身损害纠纷案件时，依照旅客起诉依据的合同关系确定管辖权，即根据邮轮旅游服务合同起诉的案件应由普通法院管辖，而根据海上旅客运输合同起诉的案件才由海事法院管辖，适用《海商法》。第二，邮轮公司在不同的违约之诉中身份不一。在以邮轮公司为被告的违约之诉中，邮轮公司的身份是被告无疑。而在以组团社为被告的违约之诉中，邮轮公司往往是以第三人的身份参与该类诉讼。根据《旅游法》第111条和第71条的规定，与组团社签订船票销售、舱位订购等协议的邮轮公司，具体提供观光、游览和运输等任务，是协助组团社履行包价旅游合同义务的履行辅助人。因履行辅助人的原因导致违约的，旅客可以要求组团社承担赔偿责任，组团社承担责任后可以向履行辅助人追偿。因此在邮轮旅客对组团社提起违约之诉后，后续很可能会产生组团社向邮轮公司提起的追偿之诉，因此邮轮公司经常作为第三人参与诉讼。

三 保障邮轮旅客人身权益的法律思考

邮轮旅客是邮轮旅游中最重要的法律主体，其权利的保护特别是关乎生命、健康的人身权利能否得到法律的切实保障将影响邮轮产业能否持续繁荣发展，为了更好地保障邮轮旅客的人身权益，需要做到以下几点：

首先，需要厘清旅客与邮轮公司之间的法律关系。根据学界通说以及既往的司法实践，旅客与邮轮公司之间不存在直接的合同关系，只能以邮轮公司侵权为诉因解决纠纷。但是，根据目前的司法实践，之前仅停留在学界探讨的观点——邮轮公司与旅客之间存在海上旅客运输合同的关系已被基本认可，下一步仅需要在立法层面加以调整，例如通过《海商法》的修改，在第五章"海上旅客运输合同"中增加有关邮轮旅游的特别规定等内容，确认邮轮公司在直接销售邮轮客票的模式下与旅客之间存在直接的海上旅客运输合同关系，旅客不仅可以通过侵权之诉也可以基于合同追究邮轮公司的人身损害赔偿责任。需要注意的是，此时的邮轮公司不仅是负责海上旅客运输的承运人，它还兼具提供海上观光、休闲、娱乐、住宿、部分岸上行程等旅游服务经营者的身份。因此，在邮轮公司直接销售邮轮客票的模式下，其与旅客之间形成的由船票所证明的海上旅客运输合同又兼有旅游合同的内容，在性质上属于混合合同。

其次，需要厘清旅客与组团社之间的法律关系。如前文所述，在组团社包价旅游的模式下，其与邮轮旅客之间属于旅游服务合同关系，在此种关系下，邮轮公司属于组团社履行合同义务的履行辅助人。根据《旅游法》第 71 条的规定，组团社对邮轮旅客承担着"窗口责任"，即无论基于组团社自身抑或是地接社、履行辅助人的原因，邮轮旅客均可以组团社为被告提起违约或者侵权之诉进行法律救济。尽管承担这种"窗口责任"无疑将会增加旅行社受诉的比例和负担，但这主要是基于政策的考量以及旅游者方便诉讼的原则。在这种责任规制下，不可避免地将存在上文所述及的组团社责任与邮轮公司责任不对等的情形，即针对旅客在海上航程中发生的人身损害纠纷，如果以组团社为被告则由普通法院管辖，且按过错比例足额赔偿；如果以邮轮公司为被告则由海事法院管辖，且按过错比例应负的赔偿责任可享有运输法上的责任限制利益，这种直接导致邮轮旅客选择不同被告所获得的法律救济产生重大差异的情形显然是不合理的。因此，建议在旅行社包船游代理模式的前提下，若旅客因海上旅游事项起诉旅行社的，该纠纷事项从性质上看无疑属于海事海商纠纷，依据管辖划分的原则应属海事法院管辖。邮轮旅客与组团社之间的合同应属兼具旅游服务合同和海上旅客运输合同性质的混合合同，组团社是海上旅客运输合同的缔约承运人，而邮轮公司是组团社的履行辅助人，适用实际承运人制度，这也与邮轮公司在直接销售船票模式下的身份和责任相配套。

最后，需要厘清海上旅客运输法律制度对于邮轮旅游的适用界限。根据上文所述，基于旅客与组团社之间的包价旅游合同或者与邮轮公司直销船票情形下形成的海上旅客运输合同，可能会适用运输法对海上航程中发生的人身损害纠纷进行法律救济。但是，与传统海上旅客运输不同，邮轮旅游涉及大量非运输环节的休闲娱乐活动，且该类服务的体量总体比例较大，如果仍然机械地适用一般海上旅客运输的法律规则，特别是其中的承运人责任限制制度，很有可能发生与海上航程特殊性无关的非航行事故与陆地上发生的类似旅游事故，二者均造成旅客的人身损害，但在裁判结果上却大相径庭的局面。因此，海上旅客运输法律制度对于邮轮旅游的适用界限何在，是否需要对航行事故和非航行事故造成的旅客人身损害做区分处理，应当受到我国邮轮旅游专门立法、理论研究乃至司法实践的充分关注。

第四节 突发公共卫生事件下邮轮公司的法律对策和完善建议

新冠肺炎疫情暴发以来，多艘豪华邮轮因感染疫情成为媒体报道的焦点，邮轮停靠业务从众多邮轮码头争抢变成避之不及的对象，"海上五星级酒店"也沦为"海上病毒培养皿"。为了防止邮轮疫情暴发成为新冠病毒的"移动传染源"，国际邮轮协会（CLIA）发布最严格的禁令，拒绝所有中国大陆出发的乘客和船员登船。这也意味着邮轮公司短期内已经基本撤出中国市场，中国邮轮市场进入了"冰封期"。

在疫情或给全球邮轮业带来"黑暗时代"的窘境下，如何重拾旅客将邮轮旅游作为出行热门选择的信心，这将是中国乃至全球邮轮业共同面临的研究课题。目前，新冠肺炎疫情对于邮轮旅游业的负面影响，同时也是导致旅客选择邮轮旅游心存顾虑的原因主要体现在以下三点：一是类似疫情一旦发生，各国或者地区的港口不允许邮轮靠岸，虽然合法但并不人道。二是邮轮本身针对疫情缺乏必要的隔离措施和防疫手段。三是邮轮旅客如何能在类似疫情下保障和维护自己的权益。这些问题是邮轮市场在疫情结束后恢复繁荣的症结所在，考虑到我国未来对邮轮产业发展的规划和国民需求，为了更好地促进邮轮行业的健康有序发展，建议能够在如下方面采取相关措施。

一 我国邮轮母港及停靠港的建设方面

在新冠肺炎疫情暴发后，多艘豪华邮轮在感染疫情这一相同事件中面临的处置、承受的命运是不同的（见表5-6）。在"歌诗达·赛琳娜"邮轮和"歌诗达·威尼斯"邮轮停靠过程中，天津东疆邮轮母港和深圳蛇口邮轮码头应急处置措施得力，5小时内完成上船排查到采样任务结束，24小时内完成从邮轮应急处置工作下达到旅客下船程序结束，在严格有序的指挥调控下，中国速度尽显，受到了国际社会的高度肯定。因此，我国应进一步加强邮轮母港及停靠港的应急处置能力和救援能力，通过特殊时期下紧急事件的妥善处理吸引全球的关注，通过"不拒绝""零感染"的标签为中国邮轮产业带来新机遇。

表5-6　　2020新冠肺炎疫情下涉疫情邮轮情况统计

邮轮名称	邮轮吨位	舰载人数	最终收容港口	依靠港处置手段	处置结果	确诊感染新冠病毒人员数量（截至撰稿日）
"钻石公主"号	116000	3711	日本横滨港	全员检测，呼吸道症状人员样本采集进行病原体检测	样本采集呈阳性，人员船上隔离14天	704人确诊
"威士特丹"号	82348	2257	柬埔寨西哈努克港	全员检测，肠胃病、腹泻等不适症状人员进行病原体检测	样本采集呈阴性，乘客下船	1个确诊，多人已回国，千余滞留柬埔寨检测

续表

邮轮名称	邮轮吨位	舰载人数	最终收容港口	依靠港处置手段	处置结果	确诊感染新冠病毒人员数量（截至撰稿日）
"至尊公主"号	109000	3843	美国奥克兰港	样本采集呈阳性，确认病人将在加州的医疗机构接受治疗，未出现症状的加州居民将在加州进行隔离观察，非加州居民将被带往其他州进行隔离观察，外国乘客将被送往得克萨斯州莱克兰空军基地和佐治亚州	21人确诊	
"歌诗达·赛琳娜"号	114000	4806	天津东疆邮轮母港	样本采集呈阴性，乘客下船。流行病学调查有疫情重点地区旅行史、居住史和接触史的旅客，被妥善安排进行集中隔离和医学观察	无确诊病例	
"歌诗达·威尼斯"号	135500	6222	深圳蛇口邮轮码头	样本采集呈阴性，乘客下船。流行病学调查有疫情重点地区旅行史、居住史和接触史的旅客，被妥善安排进行集中隔离和医学观察	无确诊病例	

2020年2月,交通运输部等七部门印发的《关于大力推进海运业高质量发展的指导意见》明确提出,要重点大力推动邮轮旅游发展,改善口岸服务环境。完善和提高邮轮母港和停靠港的医疗资源和应急措施能力,不仅有利于提高中国港口作为国际邮轮航线中停靠港的比例以及旅客对中国邮轮航线的信心,对提高中国邮轮业的国际地位也大有裨益。在具体措施方面,建议健全邮轮母港及停靠港的港口规划、布局、港口海上应急管理和指挥体系,在应急预案制定中,增加专门应对紧急公共卫生事件方面的内容,包括完善海上应急联动机制,应急指挥小组的权限及启动、防护物资的储备、专业人员的配置、专业设备的启用等等,例如在考虑到涉疫邮轮上的人员上岸可能会导致传染,配备设施完备的医院船将病人在海上隔离救助、转移等措施。

二 邮轮本身防疫制度系统的建设和完善方面

据路透社3月10日的报道,美国佛罗里达州一对夫妇对"至尊公主"号邮轮所属的公主邮轮公司(CCL.N)提起了诉讼,索赔逾100万美元。他们认为,"至尊公主"号邮轮缺乏适当的检测程序,用来降低乘客暴露在病毒下的风险,乘客在登船前,只被要求"填写一张证明他们没有生病的文件",而没有进一步询问或检查。再看被称为"海上病毒培养皿"的钻石公主号邮轮,邮轮上所有人员在海上隔离14天期间,疫情在邮轮内部迅速蔓延,累计确诊病例从10例迅速超过百例,船上被隔离旅客不断通过网络曝出邮轮内部管理混乱、中央空调等设施加剧病毒传播等信息。

这些事件给全球邮轮业敲响警钟,邮轮的载客量通常在千人以上,一旦发生传染病等突发公共卫生事件,如果没有事前完备的应急预案,船上人员的生命和健康、邮轮的运营和管理均将受到严重的威胁和考验。因此,建议我国邮轮业在今后的战略布局中重点提升大型客船、邮轮应急救援能力,具体措施包括在船舶建造环节增设卫生设施建造标准,建立健全邮轮防疫制度系统,加大邮轮高级船员应对突发公共卫生事件的专项培训力度等,同时邮轮公司自身也应当在公司规范流程等方面明确和细化针对紧急公共卫生事件的内容。防止再次出现因邮轮上隔离措施、检测程序、船员处置、邮轮公司管理等方面出现漏洞，导致疫情扩散传播的情形，切实保障邮轮旅客和船员的权益。

三　涉疫邮轮上旅客权益保障方面

根据《联合国海洋法公约》和《国际卫生条例》中相关条款的规定，在这次被世卫组织认定为国际关注的突发公共卫生事件，近日又被认定为全球性大流行病的新冠肺炎疫情中，多数涉疫邮轮均遭到多个国家或地区港口拒绝停靠的处置，但这一拒绝行为并不违反国际法义务。然而，从人权和人道主义的角度看，如果沿海国的港口特别是其中的邮轮母港、原本行程中预定停靠的港口均对涉疫邮轮采取拒绝进港的措施，船籍港也认为不具备最密切联系，事不关己，任由邮轮上的疫情肆意扩大，危及船上旅客和船员的生命。这样的结果不仅大大打击旅客乘坐邮轮出行的信心，让其"谈邮轮色变"，而且也与国际公约中"人命优先"的精神相违背。

在国际法层面，鉴于各国对涉疫邮轮的停靠和救助在国际法义务方面尚存在很多空白及不明之处，建议在国际公约中明确以下方面的内容：邮轮发生公共卫生紧急事件下的国际合作机制、应对此类事件应达到的邮轮防疫制度系统的标准、具有传染病防疫知识的船员或船医的配置及培训等，从而提高邮轮行业在面对突发的公共卫生事件上的应急能力，推动邮轮业的发展和完善。

在私法层面，疫情发生后，针对被隔离在涉疫邮轮中的旅客，大部分邮轮公司表示，将对包括邮轮船票、航空旅行、转机或乘邮轮前后的酒店费用等"合理的独立费用"退还给游客。但是，因疫情产生的费用并不限于此，还可能包括下船以后的医疗费用、检测费用、营养费用、护理费用等支出。虽然根据《国际卫生条例》的规定，对旅行者根据本条例进行的医学检查、合适的隔离和检疫、随身行李采取的卫生措施，不应当向旅行者收费，日本政府在"钻石公主"号事件处置过程中也承担了大量的费用，但是，采取上述卫生措施以外的其他有利于旅行者健康的措施，公约规定缔约国是可以收费的。因此，为了更好地维护和保障涉疫邮轮上旅客的权益，建议在未来的邮轮客票合同上增加一条"钻石公主"条款，用以规定突发公共卫生事件时各方的权利、义务和责任。而从长远角度考虑，针对类似的突发公共卫生事件，邮轮公司可以设立基金或者建立强制保险制度，缓解邮轮公司以及沿海国政府的压力和顾虑，促进各国更有动力和能力接受疫情邮轮停靠，避免邮轮产生大规模的人道主义灾难。

中国是世界第二大邮轮旅游市场，邮轮旅游逐渐成为国内游客的热门选择，关注邮轮疫情事件影响具有重要的意义。因为，疫情既给整个邮轮业带来寒冬，同时也为完善相关制度提供了契机，只有抓住这个契机，我国邮轮业才能迎来自己的春天。

第 六 章

构建我国国际海运承运人之履行辅助人制度的建议

履行辅助人制度是大陆法系在探讨他人过错与合同责任的民法学说中确立的一项法律制度。在我国的现行立法中，除《旅游法》对旅游业内的履行辅助人及其责任作以简单界定和规制外，主要涉及履行辅助人责任问题的《民法典》合同编领域也仅在若干法条中使用未加限定的"第三人"泛泛而论，这种立法现状使得我国散见于《海商法》及相关法律中的国际海运承运人之履行辅助人制度缺乏民法理论的支撑，履行辅助人在履行运输合同义务过程中的具体法律地位以及相应的权利、义务和赔偿责任，也只能依据对法律条文及相关国际公约的理解予以分析和解释，具有局限性和模糊性。根据我国立法和司法现状，结合我国航运实务的发展诉求，笔者建议通过引入并具体构建国际海运承运人之履行辅助人制度，完善我国海运立法并探索解决相关法律问题的最佳方式。

第一节 引入国际海运承运人之履行辅助人制度的选择

一 兼顾不同主体的利益

根据国内外海运立法现状，加重承运人的责任和保护货方利益已成为立法趋势之一。而承运人之履行辅助人陆续被纳入国际海上货物运输法的调整范围，适用承运人的强制性责任制度，正是兼顾不同主体利益平衡的重要体现。

根据"为履行辅助人负责"的原则，作为债务人的承运人因履行辅助人的过错行为需向债权人货方承担违约责任。如前文所述，《汉堡规则》第10条第1款、《海商法》第60条以及《鹿特丹规则》第18条均是这一原则的具体体现。随着国际海运承运人之履行辅助人涵盖主体范围的扩大，承运人为之负责而承担赔偿责任的风险也随之增加。特别针对其中独立型履行辅助人的过错行为所导致的损害，承运人向货方承担赔偿责任的具体形式是与独立型履行辅助人负连带责任。这从侧面也增加了货方获得赔偿的概率和保障，即货方除承运人以外可以索赔的对象范围也随之扩大，这有利于货方方便诉讼，避免苦于识别海上货物运输法中适格的被告而在规定的时效内影响索赔。另外，由于国际海运承运人之履行辅助人与货方之间的责任性质为法定的合同责任，货方将依据运输法律在运输合同的框架内向独立型履行辅助人提起诉讼，这极大减轻了货方在侵权诉讼下的举证负担，有利于其最后能够获得充分赔偿。

当然，对货方利益保护力度增大的同时也需顾及船方利益的平衡，这一点主要体现在国际海运承运人之履行辅助人将被纳入海上货物运输法的强制性责任体系，法定适用有关承运人的责任限制和抗辩等消极权利及部分积极权利，这从侧面也是对承运人既得利益的保护。如前文所述，如果承运人之履行辅助人无法享有海上货物运输合同或者提单赋予承运人的责任限制和抗辩权利，这一处境不仅使履行辅助人将面临侵权法下全额赔偿的责任负担，同时也促使其向承运人索要更高的报酬或者要求承运人补偿其损失而转嫁风险，导致履行辅助人承担的赔偿责任最后往往是由承运人"买单"，承运人依据运输法律原本享有的责任利益"落空"，进而提高运输成本将风险再转嫁给货方。因此，引入国际海运承运人之履行辅助人的概念并将该类主体统一纳入运输法律的调整范围，不仅有利于保护承运人的责任利益不落空，同时也兼顾货方的整体利益。

总之，承运人之履行辅助人的法律地位和责任制度经历了从无到有、从模糊到明朗、从简易到全面的变化。这种变化充分考虑了货主、承运人和运输作业中的其他利益相关者的利益需求，体现了利益平衡性，是海上货物运输法律制度适应"门到门"运输方式和海运实践发展多样性的结果。

二 维护理论价值与实践价值的平衡

在我国《海商法》中引入国际海运承运人之履行辅助人制度，有利于克服《海商法》中既有制度仅从立法技术的层面解决海运实践中的表象问题，缺乏理论基础及体系化研究的不足，从而达到理论价值与实践价值的平衡。

首先，引入国际海运承运人之履行辅助人制度具有非常重要的实践价值和意义。国际海运承运人之履行辅助人制度将在责任期间内辅助承运人履行货物运输义务的履行辅助人进行统一的规范，从而实现不同类型海运履行辅助人的整合。这有利于弥补《海商法》下实际承运人制度的缺陷，明确诸如港口经营人、分合同人等争议主体的法律地位，赋予其享有法定的免责和责任限制等抗辩权，对于解决司法实践中由此产生的混乱起到很好的定纷止争作用。而无论基于违约还是侵权，承运人与其履行辅助人一体适用运输法律中的强制性责任制度，使货物索赔方无论利用对履行辅助人的侵权之诉还是对承运人的违约之诉，其救济结果不会因为索赔对象的不同而产生太大的差别，从而跨越海上货物运输领域违约之债与侵权之债的历史鸿沟。

其次，海商法不是实务经验的简单堆砌，它具有自己丰富、深厚的理论体系作支撑。[①] 而国际海运承运人之履行辅助人制度体现并蕴含着重要的民法理论和原则，因此，引入该项制度有利于加强《海商法》在基础制度、体系化结构及与民法的关系等方面的理论研究，从而更好地指导司法实践。如前文所述，国际海运承运人之履行辅助人属于债务人之履行辅助人在国际海上货物运输领域的具体形态，因此民法履行辅助人制度中的"为履行辅助人负责""免责条款对履行辅

---

① 郑登振、詹功俭：《我国〈海商法〉修改的基本思路探析——以〈海商法〉修改应坚持的五个平衡为视角》，《海大法律评论》2015年，第40页。

助人的效力"等基本制度的原理和原则，完全可以成为解释海上货物运输法中相关法律规范的理论基础和理论依据，从而使国际海运承运人之履行辅助人制度不再仅仅停留在法律条文的设计和规定上。即在国际海运承运人之履行辅助人与承运人的内部关系中，"为履行辅助人负责"制度的规范设计——"履行辅助人的过错视为债务人的过错"——可以用来解释承运人为其履行辅助人负责的合理性；在国际海运承运人之履行辅助人与货方的外部关系中，"免责条款对履行辅助人的效力"问题的理论基础——"领域规范"理论，它为国际海运承运人之履行辅助人突破运输合同的相对性提供民法上的理论基础。而妥善解决这些法律问题对于在国际海上货物运输领域平衡船货双方利益、维持海上货物运输的良性秩序实属必要。

综上所述，在我国《海商法》中引入国际海运承运人之履行辅助人制度，不仅能够有效解决海运实践中存在的现实问题，还能够克服实用主义的缺陷，有利于《海商法》的体系化研究，从而维护理论价值与实践价值的平衡。这对于在民商法律方面深受大陆法系法律传统的影响，而在海商法领域主要移植和学习英美法的我国尤为重要。

三 完善海上货物运输法律体系的主体责任制度

在我国《海商法》中引入国际海运承运人之履行辅助人制度，有利于完善海上货物运输法律体系的主体责任制度，具体分析如下：

首先，通过引入国际海运承运人之履行辅助人的概念，可在最大范围内将辅助承运人履行运输义务的第三人纳入运输法律的范畴加以调整，并降低因对现行立法中既有术语理解上的分歧而在司法实践中产生的争议和矛盾。具体而言，国际海运承运人之履行辅助人可以使承运人的受雇人、代理人、实际承运人以及完全在港口区域作业的港口经营人、内陆承运人以同一身份接受运输法律的调整。而以往国际海运立法中的海运履约方和实际承运人从本质上只能成为国际海运承运人之履行辅助人中的独立型履行辅助人，无法调整从属型履行辅助人受雇人和代理人。并且，根据前文分析，将实际承运人定位为从事海上位移任务的独立型海上履行辅助人更为准确。因此，运用国际海运承运人之履行辅助人的概念能够覆盖基于承运人的意思，辅助履行货物运输义务的所有第三人，有利于克服和避免试图通过对实际承运人概念的扩大解释或者引用海运履约方制度以达到同一法律效果的不周延。

其次，国际海运承运人之履行辅助人主要可以分为从属型和独立型履行辅助人，海上和陆上履行辅助人。这种类型化的区分性与国际海运公约中承运人之履行辅助人法律地位及运输责任的确立相辅相成，对于确立某一具体形态履行辅助人的特定权利、义务和赔偿责任具有明确的指导作用。而《鹿特丹规则》中的海运履约方的概念并未区分具有不同特性和属性的海上履行辅助人和陆上履行辅助人，因此在探讨海运履约方的具体义务时须根据其具体形态而适用承运人不同的法定义务。如基于海上风险而设定的天灾、海盗、海上救助或试图救助人命等免责事项仅适用于海运履约方中的海上履行辅助人，陆上履行辅助人并不适用。因此，虽然运用"海运履约方"这一概念一体性规范承运人之履行辅助人相关法律问题的做法简洁明了，但是公约针对某一具体形态海运履约方的权利、义务和赔偿责任并不明确。另外，尽管美国1999年《海上货物运输法》草案也将适用于履约承运人、海上承运人各自的权利、义务和赔偿责任区分规定，从而与海运履约方制度不作海上与陆上履行辅助人的区分，一体适用承运人责任和义务的作法相比更为合理。但是，该草案将履约承运人、海上承运人与契约承运人并列为承运人的制度设计并不符合我国《海商法》及国际海运立法对承运人的传统界定。

综上所述，对于构建我国国际海运承运人之履行辅助人制度的方式选择上，笔者建议在《海商法》中引入国际海运承运人之履行辅助人的概念和制度，这将在兼顾不同主体的利益、维护理论价值与实践价值的平衡和完善海上货物运输法律体系的主体责任制度等方面发挥重大的作用。

第二节　构建我国国际海运承运人之履行辅助人制度的具体措施

目前，我国《海商法》仅规定了承运人的从属型履行辅助人——受雇人、代理人，以及实际承运人一种独立型履行辅助人。由于独立型履行辅助人的范围和界限在我国运输法律下并不是泾渭分明，具有一定的局限性，这也导致其他独立型履行辅助人如受承运人委托的港口经营人的法律地位之争长期困扰我国的海运实践。另外，由于我国缺乏承运人之履行辅助人突破运输合同相对性的理论基础，实际承运人等承运人之履行辅助人适用《海商法》下承运人责任制度的依据只能是所谓的"法定理论"，而这一理论如果没有民法基础理论的支持将显得过于空洞化。因此，笔者建议我国《海商法》有必要规范相关的法律术语和法律概念，引入国际海运承运人之履行辅助人的概念和制度，明确承运人之履行辅助人的范围和类型以及各自适用的责任规范以便于司法。具体的措施建议主要表现在以下几个方面。

一　关于国际海运承运人之履行辅助人的概念和类型

建议在我国《海商法》第4章相关术语的界定部分加入国际海运承运人之履行辅助人的定义，即在承运人的责任期间内，依承运人的意思而参与国际海上货物运输，履行或者承诺履行承运人在运输合同项下有关货物的接收、装载、操作、积载、运输、保管、照料、卸载和交付义务的人，其基本类型主要包括从属型履行辅助人和独立型履行辅助人，海上履行辅助人和陆上履行辅助人。其中，从属型履行辅助人主要是指承运人的受雇人、代理人，这也是我国《海商法》第58条"喜马拉雅条款"的适用对象。独立型履行辅助人主要包括三类主体：第一类是在海运区段从事货物位移任务的海上履行辅助人（亦即实际承运人）；第二类是受承运人委托从事港口货物作业的港口经营人；第三类是港区范围内从事运输义务的其他履行辅助人（即除港口经营人以外的陆上履行辅助人）。需要注意的是，独立型履行辅助人的受雇人和代理人履行运输合同义务时，也应视为国际海运承运人之履行辅助人，具体类型为从属型履行辅助人，适用承运人的受雇人和代理人在海上货物运输法中的相关规定。

二 关于实际承运人和港口经营人等主体

（一）关于实际承运人的概念

由于实际承运人的外延在立法和实践中引起的大量争议和误解，建议取消《海商法》的这一概念，以独立型的海上履行辅助人加以代替，即依承运人的意思而参与国际海上货物运输，履行或者承诺履行海上货物位移任务的独立型履行辅助人。这种做法首先有利于实际承运人的识别；其次有利于将其义务内容明确限定在完成货物的海上位移，而不包括装前卸后的港口作业，从而与学界与司法实践对实际承运人从事的是狭义的"货物运输"这一观点保持一致；再次，由于各国法律对"委托"一词的范围解释不一，[①] 而中国的法律容易将"委托"理解为狭义的委托代理，从而造成实际承运人的范围过窄，这也是在UNCITRAL第34届大会上，中国代表团提出"履约方"的概念应该避开使用承运人的"委托"或"转委托"用语的原因。而使用履行辅助人的概念有利于避开"委托"一词的分歧；最后，由于实际承运人必须亲自履行运输义务，而国际海运承运人之履行辅助人将涵盖"履行"和"承诺履行"运输义务的主体。因此，使用履行辅助人的概念能够解决无船承运人、分合同人等"中间实际承运人"的法律地位问题，这也与目前国际海运立法的趋势相符合。例如《鹿特丹规则》中的"履约方"和"海运履约方"、《东盟多式联运框架协议》中的"承运人"[②]、

[①] 英文中委托（ENTRUST）含义之一是基于对他人的某种信任而将某事交给他人去做，它可以泛指事务的委托，在雇佣合同、承揽合同、运输合同、保管合同等合同中都可以解释出包含委托关系。

[②] 《东盟多式联运框架协议》，2005年11月17日在老挝的首都万象召开东盟国家第11届交通部长会议时签署。其中，第1条第1款规定，"承运人是指履行或承诺履行运输全程，或其中一部分的人，无论他是否被确认为多式联运经营人。"参见王威、关正义《〈鹿特丹规则〉背景下〈东盟多式联运框架协议〉问题研究》，《东南亚纵横》2011年第5期，第42页。

泰国《海上货物运输法》中的"实际承运人"①均将承诺履行而非实际履行货物运输的主体涵盖其中。

(二) 关于受承运人委托的港口经营人等在港口作业主体的法律地位

建议将受承运人委托的港口经营人纳入《海商法》第4章的调整范围，并将其界定为依承运人的意思而参与国际海上货物运输，在港区范围内履行或者承诺履行与货物运输有关服务的独立型履行辅助人。根据该定义，与承运人订立独立的商务合同并仅受该合同的制约，可以自由选择完成合同的方式和方法的港口经营主体为独立型履行辅助人，而在港口区域内与承运人具有雇佣关系的装卸工人、驳运人等受雇人并不在此列，他们属于承运人的从属型履行辅助人。另外，在《港口经营管理规定》中从事与港口货物作业无关的港口经营人，②如拖轮公司、理货公司、引航站、客运站、租赁和维修港口设备和机械的公司、为船舶的日常营运提供垃圾处理、供水、供油等服务的港口业务经营者因其作业内容不在港口货物作业合同的范围之内，与特定的海上货物运输合同的履行没有任何联系，故不属于国际海运承运人之履行辅助人。

如此立法对于受承运人委托的港口经营人大有裨益，主要表现在：首先，根据前文分析，《港口法》《港口经营管理规定》主要是从行政角度规制港口经营人的法律和部门规章，不宜再加入民事方面的内容，而曾经规定了港口经营人部分民事权利和义务的《港口货物作业规则》也已废止。因此，将受承运人委托的港口经营人纳入《海商法》的调整范围，有利于解决港口经营人因国内专门的港口立法无法明确自己在海上货物运输合同中的法律地位，进而无法适用承运人责任限制等权利的尴尬处境。其次，国际海运承运人之履行辅助人有关海上

---

① 泰国《海上货物运输法》，1991年11月14日颁布。其中，第3条第2款规定，"实际承运人，是指不是通过与托运人订立海上货物运输合同的一方，但一直由承运人委托，从事海上运输合同项下规定的货物运输的任何人。它还包括实际承运人委托执行货物运输下的任何人等，无论有多少个受托人，包括任何明示或默示的货物运输业务"。参见王威《〈鹿特丹规则〉下海运履约方法律制度研究》，博士学位论文，大连海事大学，2011年，第53页。

② 参见《港口经营管理规定》第3条第1款的规定。

和陆上履行辅助人的类型化区分，使在港口水域从事接驳业务的港口经营人可以海上履行辅助人的身份适用诸如航海过失、天灾、海上救助或试图救助人命等免责事项，承运人的适航义务、合理速遣等义务，这些规定是《海商法》第4章第2节仅限于承运人及其海上履行辅助人适用的特殊责任规定。而港口装卸公司、仓储公司、集装箱堆场等陆地作业的港口经营人则可以陆上履行辅助人的身份适用承运人责任制度中的其他法定权利和义务。由此可见，国际海运承运人之履行辅助人区分为海上和陆上履行辅助人并适用承运人不同责任规定的做法，有利于不同形态的港口经营人明确自己在海上货物运输中的具体权利、义务和赔偿责任。最后，通过国际海运承运人之履行辅助人的概念将受承运人委托的港口经营人与实际承运人等运输主体纳入运输法律的调整范畴，有利于将彼此的作业内容整合在一起为货方提供完整的货物运输服务。如果承运人与港口经营人及实际承运人的责任制度不能很好地衔接，对船货双方的利益都将产生不利影响。

另外，将港口经营人以何种方式纳入运输法律的调整范畴，国际海运立法主要有两种方式。一是主要以专门条款的方式将港口经营人列为运输法的调整对象，赋予其援引承运人的抗辩和责任限制权利。《鹿特丹规则》的海运履约方制度、我国台湾地区"海商法"以及法国1966年《关于租船合同和海上运输合同的法国法》即采用此种方式解决港区内陆上履行辅助人的法律地位问题。二是针对港口经营人进行专门的港口立法，例如一直没能生效的1991年《港站经营人赔偿责任公约》的立法形式。两种立法模式各有利弊，前者的优势在于，将港口经营人的责任问题融入既有的运输法律之中，不仅简捷有效，并且立法成本低，可以在短时间内解决此类主体法律地位的争议；后者的优势在于方便港口经营人查找自己的专属法律，无论受承运人委托还是受货方委托，从事同样货物作业的港口经营人可以一体适用法定的权利、义务和赔偿责任。根据目前我国海运实践迫切需要明确港口经营人法律地位的现状，第一种立法模式即将受承运人委托的港口经营人纳入《海商法》第4章海上货物运输合同予以调整的方式更为可行。

最后，根据国际海运承运人之履行辅助人的概念，纳入《海商法》调整的履行辅助人除涵盖实际承运人、受承运人委托的港口经营人以外，还应包括在港区范围内从事短途运输的承运人。与《鹿特丹规则》将内陆承运人仅在履行或承诺履行其完全在港区范围内的服务时界定为海运履约方一样，只有完全在港区范围内从事货物运输的内陆承运人才能属于国际海运承运人之履行辅助人中的陆上履行辅助人。

三 关于"为履行辅助人负责"制度的确立

在有关履行辅助人与承运人之间的内部责任关系中，《海商法》应确立承运人"为履行辅助人负责"的原则和制度。目前，我国《海商法》并没有明确的法律条文与之相对应，根据前文所述，这一原则需要依据第51条至第54条以及第60条至第63条进行综合归纳和反向推导。笔者建议在《海商法》第4章中明确"承运人之履行辅助人的过错应视为承运人本人的过错，对于履行辅助人因过错违反本法对承运人规定义务的行为，承运人应当负赔偿责任。"同时，保留我国《海商法》第60条第2款赋予运输合同当事人通过特别协议的约定，由实际履行合同义务的履行辅助人独立承担法定责任从而排除承运人责任的权利。具体而言，只要承运人之履行辅助人的过错行为造成了货物的灭失、损害或者迟延交付，无论承运人本人是否存在过错均要为此承担赔偿责任，但在海上运输合同中明确约定合同中特定部分的义务由承运人以外指定的履行辅助人履行并自负其责的除外。需要注意的是，这里"指定的履行辅助人"仅指实际承运人及港口经营人等可作为独立责任主体的独立型履行辅助人。

另外，应取消与"为履行辅助人负责"原则不相符合的第51条第（一）项航海过失免责。原因在于，取消该项过错免责，使承运人对其所承运货物应承担责任的归责原则由不完全过错责任转变为完全的过错责任，既符合"为履行辅助人负责"的民法理论，也与国际海运立法的现状和趋势保持一致。而参照《鹿特丹规则》及2013年《德国海商法》的规定，将第51条第2款第（二）项规定的"火灾"免责仅限定为"船上火灾"免责，以区分于陆上发生火灾的情形，并将但书修改为"但是由于承运人及国际海运承运人之履行辅助人的过失所造成的除外"。因为,根据"承运人之履行辅助人的过错应视为承运人本人的过错,对于履行辅助人因过错违反本法对承运人规定义务的行为,承运人应当负赔偿责任"这一规定,即使船上发生火灾,但火灾的原因是承运人或其履行辅助人的过错行为所致,承运人亦不能免责,这与"为履行辅助人负责"的原则相符合。

四 关于国际海运承运人之履行辅助人的权利和义务

关于《海商法》应如何规定国际海运承运人之履行辅助人在海上货物运输法律关系中的权利和义务,笔者建议将从属型和独立型履行辅助人区分处理:由于从属型履行辅助人一般不能作为独立的责任主体向货方承担法定责任和义务,仅赋予其适用法定的"喜马拉雅条款"享有承运人责任限制和抗辩等消极权利;而作为承运人以外的独立责任主体,独立型履行辅助人在权利和义务方面的立法形式可以采用比照的方式予以确立,无须单独立法。具体措施可参照《汉堡规则》第10条第2款的规定,将《海商法》第61条修改为"本法对承运人责任的规定,适用于独立型履行辅助人对其所履行运输合同义务的责任。"

与《海商法》第61条的原本规定"本章对承运人责任的规定,适用于实际承运人"相比,这一修改措施首先有利于厘清独立型履行辅助人与承运人责任的关系,即独立型履行辅助人仅就其履行的全部或者部分运输合同义务具有与承运人同等的法律地位,《海商法》所规定的承运人在整个责任期间的权利和义务等责任规范不能全部适用于独立型履行辅助人。其次,这一修改措施使实际承运人等独立型履行辅助人的法定权利、义务将不再被局限在第4章第2节的内容,有关交付货物的义务、货物留置权、时效抗辩权等规定在其他章节的承运人的权利和义务,独立型履行辅助人据此仍然具备适用的法律依据。

五 关于国际海运承运人之履行辅助人的赔偿责任

如前文所述,从属型和独立型履行辅助人对货方承担赔偿责任的具体形式是不同的。根据原《民法通则》《民法典》的合同编的侵权责任编的相关规定，承运人的从属型履行辅助人——受雇人和代理人对货方的侵权责任多数情况下会被承运人责任吸收，其本人一般不会被货方直接索赔。因此，从实然规定及应然的立法措施上看，从属型履行辅助人不应作为独立承担法定赔偿责任的主体。但是，根据原《民法通则》和《民法典》的相关规定，承运人的代理人也有向货方担责从而承担连带责任的可能性。因此，在《海商法》中赋予从属型履行辅助人享有"喜马拉雅条款"的法定保护还是非常有必要的。

而独立型履行辅助人作为除承运人以外可向货方独立承担责任的主体，笔者为其赔偿责任制度的建构提出以下几点立法建议：

第一，在归责原则方面，根据上文对《海商法》第51条第2款第（一）项、第（二）项以及第61条的修改，独立型履行辅助人向货方承担赔偿责任的归责原则应与承运人责任的归责原则一致，即完全的过错责任制，且为过错推定。

第二，在举证责任方面，将第51条第2款修改为"承运人及其独立型履行辅助人依照前款规定免除赔偿责任的，除第（二）项规定的原因外，应当负举证责任。"第54条修改为"货物的灭失、损坏或者迟延交付是由于承运人或者国际海运承运人之履行辅助人的不能免除赔偿责任的原因和其他原因共同造成的，承运人及其独立型履行辅助人仅在其不能免除赔偿责任的范围内负赔偿责任；但是，承运人及其独立型履行辅助人对其他原因造成的灭失、损坏或者迟延交付应当负举证责任。"

需要注意的是，如果将受承运人委托的港口经营人作为独立型履行辅助人适用上述举证责任规则，它的举证负担将重于一般侵权责任法下的举证责任和赔偿责任。原因在于，根据我国目前的法律制度，如果承运人委托港口经营人进行货物作业，货方对非合同方港口经营人只能提起侵权之诉。从举证责任的角度看，在侵权之诉下，受害人货方必须要证明行为人港口经营人在主观上有过错、客观上有损害行为、损害行为与损害后果之间存在因果关系等各种要件才能符合侵权责任的构成，相比之下，港口经营人的举证责任要轻于货方。而海上货物运输法将二者的举证责任进行了重新的配置，作为独立型履行辅助人的港口经营人的举证责任将重于货方。具体而言，当货方向作为港口经营人提出索赔时，货方只需证明导致货物损害或迟延的原因发生在港口经营人的作业期间内，即推定港口经营人有过错，港口经营人必须证明其对货物损害或迟延没有过错，或者符合法定的免责事由才能免责，举证责任重于货方。这也意味着，一旦在港口经营人掌管货物的期间发生货损，港口经营人必须主动安排货损检验以查明货损原因，为货方的索赔做好应诉准备。显然，作为独立型履行辅助人的港口经营人，其维权成本为此将有所增加。但是，这同时也有利于督促港口经营人谨慎作业、恪尽职守，具有一定的积极意义。

第三，在责任期间方面，建议将我国《海商法》第46条责任期间的规定统一调整为"港到港"。我国《海商法》第46条根据货物类型的不同将承运人的责任期间一分为二：针对集装箱货物的运输，承运人的责任期间采用《汉堡规则》的"港到港"模式，具体为"装货港到卸货港区间内货物处于承运人掌管之下的期间"；针对非集装箱货物的运输，承运人的责任期间采用《海牙规则》的"钩到钩"模式，具体为"货物装上船到卸下船区间内货物处于承运人掌管之下的期间"，"装船前和卸船后可自由协议"。

笔者认为，尽管《海商法》对承运人责任期间的二分法规定是综合借鉴《海牙规则》和《汉堡规则》作出的，但是《海牙规则》作为国际海运公约，将其强制责任制度适用的范围仅局限在"从装到卸"的"钩到钩"期间，允许"装前卸后"可自由协议的做法有其特定的目的和原因。首先，公约使港口作业者或陆路承运人排除在公约适用范围之外，从而保证各国一些行业团体的权利问题仍由国内法决定，维持其适用公约之前的法律地位和现状，进而减少各国加入公约的阻力。其次，公约之所以赋予运输合同的当事人在"装前卸后"可自由协议相关责任的权利，是希望通过各国国内的强制性法律来保障当事方的利益。《海商法》作为一国国内法则不可这样规定。① 因为，首先，如果承运人利用其优势地位或者谈判能力与缺乏经验的货主约定对"装前卸后"的货损概不负责，就会对货方显失公平。并且，即使在责任期间外但只要在运输合同的合同期间内，承运人仍负有管货义务，因此该《海商法》的这一规定在理论上也值得推敲。其次，如果承托双方对于非集装箱货物在"装前卸后"期间的相关责任不作约定，承运人很可能适用《民法典》向货方承担责任而无法享有《海商法》特殊责任制度的保护，这也同时加重了承运人的责任。最后，如上文所述，如果不将《海商法》中承运人的责任期间予以统一，作为承运人之独立型履行辅助人的港口经营人将适用不同的法律，具有不同的法律地位。如果在承运人的责任期间没有扩展至货物"从接收到交付"的"港到港"期间，就赋予港区范围内所有从事货物作业的港口经营人、港口内陆承运人以适用《海商法》的权利，将会造成承运人和履行辅助人责任的割裂。因此，笔者建议将《海商法》下承运人的责任期间统一为从装货港接收货物时起至卸货港交付货物时止。

第四，在承担赔偿责任的条件方面，笔者建议在《海商法》第4章第2节中增加有关独立型履行辅助人责任期间和担责条件的条款，"如果造成货物灭失、损害或迟延交付的事件发生在以下期间内，独立型履行辅助人将承担赔偿责任：1. 从装货港接收货物时起至卸货港交付货物时止的期间内；2. 货物在独立型履行辅助人掌管期间内。"② 这样规定一来解决了诸如实际承运人等独立型履行辅助人应负赔偿责任的条件是货损的结果还是导致货损的原因发生在责任期间这一困扰司法实践的争议；二来由于独立型履行辅助人承担责任的基础是其掌管货物并履行合同义务的行为，将独立型履行辅助人的责任期间限定在其实际控制货物的期间，有利于与承运人"港到港"的责任期间相

---

① 单红军、赵阳、葛延珉：《浅析承运人的"责任期间"——兼谈对我国〈海商法〉第46条的修改》，《中国海商法年刊》2002年，第56页。

② 由于从属型履行辅助人一般不能向货方独立承担责任，因此《海商法》亦无须对其责任期间及担责条件进行规定。

区别，进而将履行辅助人的本人责任与承运人责任进行区分。毕竟履行辅助人不能等同于承运人，承运人责任体系的所有规定也不都适用于履行辅助人。

第五，在承担赔偿责任的具体形式方面，建议我国《海商法》将第63条有关承运人与实际承运人承担连带责任的规定修改为"承运人与独立型履行辅助人都负有赔偿责任的，应当在此项责任范围内负连带责任。"

针对作为独立型履行辅助人的港口经营人，这种承担赔偿责任的形式与我国目前针对港口经营人责任承担的具体规定有所不同，在一定程度上加重了港口经营人的责任。因为，在海运实践中，货物的损坏往往是由多个运输主体的混合过错共同造成的。例如，承运人所提供的冷藏集装箱制冷效果欠缺，无法保证货物在运输途中的完好无损，而在卸货港，受承运人委托的港口经营人对冷藏集装箱疏于照料没有及时供电，致使箱内货物由于缺少制冷最终全部损坏。如果根据我国现行的法律制度，货方选择起诉港口经营人的诉因只能是侵权，适用的法律只能是《民法典》的侵权责任编。对于这种混合过错导致的货损，我国《民法典》侵权责任编规定，两人以上分别实施侵权行为造成同一损害，如果每个人的侵权行为都足以造成全部损害的，行为人承担连带责任；如果不足以造成全部损害但能够确定责任大小的，各自承担相应的责任；无法确定责任大小的，平均承担赔偿责任。因此，在上述案例中，只要承运人和港口经营人的行为均不足以造成货物的全部损坏，港口经营人就可以依据《民法典》侵权责任编的主张只按照其过失在货损原因中所占的比例承担部分责任。

而作为独立型履行辅助人的港口经营人，其在符合承担赔偿责任的条件时，必须和承运人承担连带赔偿责任。尽管在承担连带赔偿责任后，承运人或港口经营人在其内部按照过失比例对于额外承担的份额可以相互追偿，但如果在承运人不具有偿付能力的情况下，港口经营人很可能会追偿不能，从而为承运人的过错"买单"，这当然会对港口经营人产生不利的影响。然而，这种消极影响在海运实践中发生的概率并不很高，因为在港口经营人掌管货物期间而导致的货损，往往都是由港口经营人自己的过错造成的,承运人只是基于"为履行辅助人负责"的原则而被动地承担连带责任,继而向港口经营人进行追偿,反向追偿的情况并不普遍。

结　　论

　　履行辅助人是大陆法系民法中的概念，从我国现行立法上看，并不存在专门针对履行辅助人的体系化理论。除《旅游法》涉及履行辅助人的概念并对其明确界定外，其他的法律条文即使涉及类似的主体和制度，也并未直接使用履行辅助人这一概念。尽管如此，各国海上货物运输法以及国际海运公约就辅助承运人完成运输义务的主体类型及其权利、义务和赔偿责任作出了诸多强制且特别的规定。然而，这些大部分是由英美法系国家倡导制定的运输法律中的概念及制度设计，在法理上却与大陆法系民法中履行辅助人制度的原理和基础几乎完全吻合。由于我国《海商法》及相关法律对于类似承运人之履行辅助人主体的规定在理论基础和体系化程度上均存在问题。因此，笔者建议引用履行辅助人的概念和制度理解和完善《海商法》，构建我国的国际海运承运人之履行辅助人制度，这对于解决我国现行海商立法的缺陷和实践问题大有裨益。

　　有关民法履行辅助人制度的基本理论主要表现在以下两点，一是在合同责任下，债务人要为自己一方履行辅助人的过错向债权人负责，学理上简称为"为履行辅助人负责"或者"债务履行辅助人责任"。尽管该制度产生的责任问题与同是建立在为他人行为负责立法基础之上的"雇主责任"有很多相似之处，但是，这两种责任和制度毕竟分别存在于合同和侵权两种不同法律关系之下，二者在责任性质、归责原则、适用范围、可归责行为范围等方面均具有一定的差异性。"为履行辅助人负责"制度充分体现了合同相对性原则及无过错责任的归责原则，为国际海运立法中有关承运人为其履行辅助人的过错行为导致货方损害而承担责任的规定提供理论依据。

有关履行辅助人制度的另一基本理论是履行辅助人在履行债务人的合同义务过程中，由于自身行为给债权人造成损害继而遭受被害人的侵权之诉时，履行辅助人能否援引合同中的免责条款（包括责任限制条款），即"免责条款对履行辅助人的效力"问题。该问题的提出及对其进行解释的"领域规范"理论，为海上货物运输领域的国际海运承运人之履行辅助人突破运输合同的相对性，获得类似于"承运人"的法律地位进而适用海上货物运输法的特殊责任制度提供民法上的理论依据。

尽管国际海运承运人之履行辅助人是大陆法系民法中的履行辅助人在国际海上货物运输中的具体形态，但经过海上货物运输领域的嬗变，国际海运承运人之履行辅助人已对传统民法的履行辅助人制度进行了突破与发展，是指在承运人的责任期间内，依承运人的意思而参与国际海上货物运输，履行或者承诺履行承运人在运输合同项下有关货物的接收、装载、操作、积载、运输、保管、照料、卸载和交付义务的人。其与一般民法意义的履行辅助人属于特别法概念与一般法概念的关系，二者在履行义务的时间、履行义务的内容、适用的法律三个方面存在区别和差异。然而，深受英美法系立法习惯影响的国际海运公约及各国海上货物运输法，并没有将辅助承运人完成运输合同义务的主体统一界定为国际海运承运人之履行辅助人，而是按照这些主体履行义务内容的不同分别诠释各自的身份，如《海牙规则》和《海牙—维斯比规则》下适用"喜马拉雅条款"的承运人之受雇人和代理人、《汉堡规则》的实际承运人、《鹿特丹规则》的海运履约方、美国1999年《海上货物运输法》草案中的履约承运人和海上承运人等。这些概念与国际海运承运人之履行辅助人在称谓上不尽相同，但在内涵和外延上却具有一定的类比性和相似度。

具体而言，国际海运公约中受传统"喜马拉雅条款"保护的对象——承运人的受雇人、代理人在履行运输合同义务时属于承运人的从属型履行辅助人；实际承运人应为亲自辅助承运人从事货物海上位移任务的独立型履行辅助人；海运履约方的概念并没有像履行辅助人制度对履行辅助人作以从属型和独立型履行辅助人的划分，对于承运人的受雇人、代理人这种可明确归属于从属型履行辅助人的主体，是否也能够包含在海运履约方的范畴之内，《鹿特丹规则》并不明确。笔者认为，海运履约方的身份应为承运人的独立型履行辅助人，并不包括承运人的受雇人、代理人；美国1999年《海上货物运输法》草案将本质上应属于国际海运承运人之履行辅助人的海上承运人和履约承运人界定为承运人，与契约承运人一起构成宽泛的"承运人"概念，而国际海运承运人之履行辅助人应为参与运输合同履行的承运人以外的第三人。

以上所述的各种不同形态的国际海运承运人之履行辅助人以是否接受承运人的指挥和监督为标准，可分为从属型和独立型履行辅助人，这也是民法中履行辅助人的传统分类。另外，根据国际海运承运人之履行辅助人履行具体职责时所处的地理区域不同，可分为海上和陆上履行辅助人。前一种分类的意义在于，这两种类型的履行辅助人在国际海运公约中的法律地位及运输责任的确立和演进是不同的。而后一种分类的意义在于，由于海上履行辅助人和陆上履行辅助人在履行职务时是否会遭受海上特殊风险有所不同，二者在运输法律下的具体权利和义务也有所区别，例如适航义务、船上发生的火灾、海难救助等与海上航程相关的规定只能适用于海上作业的海上履行辅助人，而不适用于作业区域在陆地的陆上履行辅助人。

从法律地位上看，承运人为其履行辅助人的过错行为负责正是国际海运承运人之履行辅助人与承运人之间内部法律关系的体现。依据"为履行辅助人负责"的理论，"履行辅助人的过错应视为债务人的过错"，因此，如果发生因履行辅助人的过错行为造成货物损害的后果，债权人货方可以请求债务人承运人承担违约责任。

在国际海运承运人之履行辅助人与货方的法律关系中，从属型与独立型履行辅助人对运输合同的内容进行了不同程度的突破。从《海牙—维斯比规则》将"喜马拉雅条款"法定化开始，承运人的从属型履行辅助人即可适用承运人在责任限制和抗辩理由等方面的消极权利，对运输合同的内容进行有限的突破。独立型履行辅助人所突破的合同内容并没有局限于此，随着突破程度的不断扩大，独立型履行辅助人逐渐形成类似于承运人的法律地位，具体表现在：

《汉堡规则》中的独立型海上履行辅助人——实际承运人不仅享有承运人的消极权利，还具有承运人部分的积极权利并承担相应的法定义务，在可归责范围内与承运人向货方承担连带责任。但是承运人的另一独立型履行辅助人——港口经营人的法律地位直到《鹿特丹规则》的出台，才因海运履约方制度的设置而予以明确。在《鹿特丹规则》下，包含受承运人委托的港口经营人、海上承运人、完全在港区范围内服务的内陆承运人在内的从事运输核心义务的履行辅助人都被纳入海运履约方的范畴之内。同承运人一样享有抗辩和责任限制的消极权利的同时，也享有货物留置权和运输单证批注权等积极权利，承担相应的法定义务，可以独立向货方承担法定责任，可谓是对运输合同的内容进行了全面的突破。至此，国际海运承运人之履行辅助人对运输合同相对性突破的理论基础不再是拟制合同关系理论中的代理理论、信托理论、委托理论或者第三人利益合同理论，而是基于法定理论。而运用"领域规范"理论——这一免责条款对履行辅助人效力的理论基础，可以很好地解释法定理论的合理性。

从国际海运承运人之履行辅助人的具体权利和义务上看，无论从属型还是独立型履行辅助人，海上还是陆上履行辅助人，它们在国际海上货物运输中具备一些共同权利，如责任限制权、免责抗辩权、时效抗辩权、危险货物的处置权及损害赔偿请求权、货方迟延受领时可将货物提存的权利等；在义务方面，由于国际海运承运人之履行辅助人是履行或者承诺履行承运人在运输合同中与货物运输具有直接联系的相关义务的人。因此，不同类型履行辅助人所具备的共同义务是包含在与货物相关的接收、装载、操作、积载、运输、保管、照料、卸载、交付环节之中的义务。需要注意的是，如果承运人承担的合同义务是海上货物运输法未规定的义务，国际海运承运人之履行辅助人不受其约束，除非履行辅助人明确同意接受该义务。

针对特殊类型的国际海运承运人之履行辅助人——独立型履行辅

助人和海上履行辅助人，不仅具有以上的权利和义务，还拥有自己特有的权利和义务。具体而言，具有较强自主性的独立型履行辅助人对其合法占有的货物享有留置权。根据《民法典》物权编的相关规定，承运人及其独立型履行辅助人行使货物留置权时，其留置货物的范围不应该限于"债务人所有"，"合法占有"即可；而对于从事海上货物位移任务、承受海上特殊风险的海上履行辅助人，其在海上货物运输法中具有区别于陆上履行辅助人的特有权利和义务。如有权援引天灾、在海上救助或者企图救助人命或者财产、经谨慎处理仍未发现的船舶潜在缺陷等一般免责抗辩权，运输活物以及舱面货的特殊免责抗辩权，海上航程合理性牺牲货物等专属的免责抗辩权，承担适航义务、直航义务和合理速遣三项海上航程中的特有义务。对于在港口陆地作业的陆上履行辅助人而言，由于不接触船舶和真正的海上航程，并不具备以上海上履行辅助人特有的权利和义务。

从国际海运承运人之履行辅助人对货方的赔偿责任上看，其责任性质应为法定的合同责任，其责任期间应为在承运人的责任期间以内实际掌管货物的期间，其归责原则和举证责任应和承运人保持一致，而取消航海过失免责和火灾过失免责，使承运人及国际海运承运人之履行辅助人责任的归责原则由不完全过错责任制转变为完全的过错责任制，且为推定过错责任，既符合海上货物运输领域承运人责任制度的发展趋势，也符合"为履行辅助人负责"的民法原则。需要注意的是，当索赔方以管货环节存在过错为由向承运人或国际海运承运人之履行辅助人提出索赔诉讼时，对后者诉讼的举证责任一般会重于前者，因为，索赔方必须首先证明货物的损害发生在国际海运承运人之履行辅助人掌管货物的期间，才能推定履行辅助人有管货义务上的过错，而对于契约承运人提起的诉讼并不需要证明货物必须在承运人的掌控或者占有之下。

另外，不同类型的国际海运承运人之履行辅助人向货方承担赔偿责任的具体形式也有所不同：一般而言，在"雇主责任"和代理制度的作用下，作为从属型履行辅助人的受雇人和代理人不会被货方直接索赔，其对货方的责任会被承运人责任吸收，从而使国际海运承运人之履行辅助人与承运人之间责任重合的结果变成实质上的承运人责任。但是，这种情况也存在例外，为了防止履行辅助人在例外情况下承担责任，海上货物运输法赋予从属型履行辅助人享有"喜马拉雅条款"的法定保护还是非常有必要的；而对于可以作为独立责任主体的独立型履行辅助人而言，与承运人承担连带赔偿责任则是海上货物运输法对二者外部责任重合的处理方式。其中，这种连带责任下的连带债务在性质上应属于真正的连带债务，而非不真正的连带债务。

最后，通过对实际承运人制度的拓展适用、引入《鹿特丹规则》下的海运履约方制度和引入美国 1999 年《海上货物运输法》草案的履约承运人、海上承运人制度各自的利弊进行分析，笔者建议我国《海商法》有必要构建国际海运承运人之履行辅助人制度。具体做法为，明确国际海运承运人之履行辅助人的概念和类型，确立"为履行辅助人负责"的原则，厘清国际海运承运人之履行辅助人与承运人责任的关系并完善其赔偿责任制度。同时，对《海商法》的相关条文做出调整和修改，形成附录。

参考文献

一 中文文献

（一）专著类

崔建远：《合同法总论》（上卷），中国人民大学出版社2011年版。

郭萍、袁绍春、蒋跃川：《国际海上货物运输实务与法律》，大连海事大学出版社2010年版。

郭瑜：《海商法的精神——中国的实践和理论》，北京大学出版社2005年版。

韩世远：《合同法总论》（第三版），法律出版社2011年版。

胡雪梅：《英国侵权法》，中国政法大学出版社2007年版。

孔祥俊：《民商法新问题与判解研究》，人民法院出版社1996年版。

梁慧星：《关于中国统一合同法草案第三稿》，《法学前沿》（第1辑），法律出版社1997年版。

林诚二：《民法债编总论——体系化解说》，中国人民大学出版社2003年版。

莫世健：《中国海商法》，法律出版社1999年版。

彭万林主编：《民法学》（第七版），中国政法大学出版社2011年版。

史尚宽：《债法各论》，中国政法大学出版社2000年版。

司玉琢、韩立新主编：《〈鹿特丹规则〉研究》，大连海事大学出版社2009年版。

司玉琢、李志文：《中国海商法基本理论专题研究》，北京大学出版社2009年版。

司玉琢：《海商法专论》（第三版），中国人民大学出版社2015年版。

王利明：《合同法研究》（第二卷），中国人民大学出版社2011年版。

王利明：《合同法研究》（第一卷），中国人民大学出版社2011年版。

王利明：《民法》（第六版），中国人民大学出版社2015年版。

王利明：《民法学》（第四版），法律出版社2015年版。

王利明：《民法总则研究》（第二版），中国人民大学出版社2012年版。

王利明：《民商法研究》（第一辑），法律出版社2014年版。

王利明：《违约责任论》（修订版），中国政法大学出版社2003年版。

王少禹：《侵权与合同竞合问题之展开——以英美法为视角》，北京大学出版社2010年版。

王泽鉴：《民法学说与判例研究》（第六册），北京大学出版社2009年版。

王泽鉴：《民法债编通则》，三民书局1993年版。

吴焕宁主编：《国际海上运输三公约释义》，中国商务出版社2007年版。

吴焕宁主编：《鹿特丹规则释义》，中国商务出版社2011年版。

谢怀栻主编：《合同法原理》，法律出版社2004年版。

徐海燕：《民商法总论比较研究》，中国人民公安大学出版社2004年版。

徐海燕：《英美代理法研究》，法律出版社2000年版。

杨立新：《合同法专论》，高等教育出版社2006年版。

杨仁寿：《海上货物索赔》（二版），三民书局2000年版。

杨仁寿：《载货证券》（二版），三民书局2000年版。

杨仁寿：《最新海商法论》，三民书局2000年版。

尹东年、郭瑜：《海上货物运输法》，人民法院出版社2000年版。

于敏：《日本侵权行为法》（第三版），法律出版社2015年版。

袁绍春：《实际承运人法律制度研究》，法律出版社2007年版。

张文显：《法理学》（第四版），高等教育出版社2011年版。

张新宝：《侵权责任法》（第三版），中国人民大学出版社2013年版。

郑玉波：《民法债编总论》（修订二版），中国政法大学出版社 2006 年版。

（二）译著类

［德］迪特尔·梅迪库斯：《德国债法总论》，杜景林、卢谌译，法律出版社 2004 年版。

［德］罗伯特·霍恩、海因·科茨、汉斯·G. 莱塞：《德国民商法导论》，楚建译，中国大百科全书出版社 1996 年版。

［美］迈克尔·F. 斯特利、［日］藤田友敬、［荷］杰吉安·范德尔·泽尔：《鹿特丹规则》，蒋跃川、初北平、王彦等译，法律出版社 2014 年版。

［日］我妻荣：《新订民法总则》，于敏译，中国法制出版社 2008 年版。

［加］威廉·台特雷：《海上货物索赔》，张永坚、胡正良、傅廷中等译，大连海事大学出版社 1993 年版。

（三）期刊论文类

班天可：《雇主责任的归责原则与劳动者解放》，《法学研究》2012 年第 3 期。

单红军、赵阳、葛延珉：《浅析承运人的"责任期间"——兼谈对我国〈海商法〉第 46 条的修改》，《中国海商法年刊》2002 年第 13 卷。

傅廷中：《实际承运人的法律地位及其与承运人的责任划分》，《世界海运》1996 年第 6 期。

傅廷中：《我国海商法中的实际承运人制度及其适用》，《当代法学》2014 年第 5 期。

耿卓：《〈合同法〉第 121 条中"第三人"的理解与适用》，《贵州警官职业学院学报》2009 年第 3 期。

郭萍、高磊：《海运承运人责任期间之研究——兼谈对〈中华人民共和国海商法〉相关规定的修改》，《中国海商法年刊》2011 年第 3 期。

郭萍、李淑娟：《〈鹿特丹规则〉对中国港口经营人法律地位确定之影响》,《大连海事大学学报》(社会科学版) 2012 年第 4 期。

郭瑜:《我国海商法中实际承运人制度的修改和完善》,《海商法研究》(总第 3 辑) 2000 年。

韩刚:《关于集装箱码头风险责任限制的探讨》,《中国港口》2005 年第 12 期。

韩立新、李天生:《〈物权法〉实施后对〈海商法〉中留置权的影响》,《法律适用》2008 年第 9 期。

韩立新:《〈鹿特丹规则〉对港口经营人的影响》,《中国海商法年刊》2010 年第 1 期。

韩世远:《他人过错与合同责任》,《法商研究》1999 年第 1 期。

侯雪:《对于履行辅助人理解之几点探讨》,《山西高等学校社会科学学报》2004 年第 12 期。

解亘:《免责条款对履行辅助人之效力》,载韩世远、[日] 下森定:《履行障碍法研究》,法律出版社 2006 年版。

解亘:《再论〈合同法〉第 121 条的存废——以履行辅助人责任论为视角》,《现代法学》2014 年第 6 期。

李唯军:《论我国〈海商法〉第 63 条的适用》,《中国海商法协会通讯》1999 年第 3 期。

李颖:《论债务履行辅助人的界定》,《研究生法学》2002 年第 1 期。

林一山:《货物运送人与其履行辅助人法律责任之探讨》,《台湾海洋法学报》2002 年第 2 期。

林一山:《运送人之确定以及货柜场位位于基隆港区外所产生之法律问题——评台北地方法院八十九年度海商字第三一号判决》,《月旦法学杂志》2004 年 7 月。

马晶晶、姚洪秀:《实际承运人的若干法律问题》,《上海海事大学学报》2005 年第 1 期。

彭赛红:《论债务人之履行辅助人责任》,《北京理工大学学报》(社会科学版) 2006 年第 2 期。

司玉琢:《承运人责任基础的新构建——评〈鹿特丹规则〉下承运人责任基础条款》,《中国海商法年刊》2009 年第 3 期。

王立兵：《关系论视阈下第三人违约问题研究——以〈合同法〉第121条为中心》，《学术交流》2010年第2期。

王立志：《论实际承运人的法律地位》，《中国海商法年刊》2007年。

王威、关正义：《〈鹿特丹规则〉背景下〈东盟多式联运框架协议〉问题研究》，《东南亚纵横》2011年第5期。

王彦：《德国海商法的改革及评价》，《中国海商法年刊》2015年第2期。

夏元军、李群：《论承运人的债务履行辅助人责任》，《中国海商法年刊》2008年第18期。

夏元军：《海上货物运输法中"承运人的代理人"之真实身份考察》，《中国海商法年刊》2011年第3期。

胥苗苗：《德国海商法"瘦身"》，《中国船检》2013年第10期。

杨树明：《事实与法律之间——论船舶适航义务的含义及判断标准》，《法学杂志》2006年第5期。

尹田：《论涉他契约——兼评合同法第64条、第65条之规定》，《法学研究》2001年第1期。

张辉：《港口经营人责任限制问题再探讨》，《中国海商法年刊》2009年。

张影：《第三人原因违约及其责任承担》，《北方论丛》2002年第6期。

郑登振、詹功俭：《我国〈海商法〉修改的基本思路探析——以〈海商法〉修改应坚持的五个平衡为视角》，《海大法律评论》2015年。

郑溶：《论德国法关于债务履行辅助人的过错和本人责任的规定》，《法制与经济》2008年第7期。

周江洪：《〈合同法〉第121条的理解与适用》，《清华法学》2012年第5期。

周江洪：《从"旅游辅助服务者"到"履行辅助人"》，《旅游学刊》2013年第9期。

邹龙妹、熊文钊：《旅游法的社会法属性刍议》，《河北法学》2013年第9期。

郭萍：《邮轮合同法律适用研究——兼谈对我国〈海商法〉海上旅客

运输合同的修改》,《法学杂志》2018 年第 6 期。

郭萍:《促进邮轮产业发展法制保障论略》,《法学杂志》2016 年第 8 期。

陈风润:《邮轮旅游本土化进程法律协调之困与因应选择》,《法学杂志》2018 年第 9 期。

（四）案例类

艾斯欧洲集团有限公司与连云港明日国际海运有限公司、上海明日国际船务有限公司的航次租船合同纠纷案

大连保税区闻达国际贸易有限公司诉青岛前湾集装箱码头有限责任公司港口作业侵权损害赔偿纠纷案

福建顶益食品有限公司诉广州集装箱码头有限公司港口作业纠纷案

福建顶益食品有限公司诉广州集装箱码头有限公司港口作业纠纷上诉案

富春公司、胜惟公司与鞍钢公司海上货物运输无单放货纠纷案

海南通连船务公司与五矿国际有色金属贸易公司海上货物运输纠纷再审案

"胜扬"轮案再审案

伊朗航运公司诉中国航空技术进出口总公司集装箱超期使用费纠纷案

中国沈阳矿山机械（集团）进出口公司诉韩国现代商船有限公司、中国大连保税区万通物流总公司海上货物运输合同货损赔偿纠纷案

中化江苏连云港公司与法国达飞公司等海上货物运输合同无单放货纠纷案

中银集团保险有限公司诉上海交运集装箱发展有限公司港口货物损害赔偿纠纷案

尤海红、尤海苗等与同程国际旅行社有限公司杭州分公司、同程国际旅行社有限公司等生命权、健康权、身体权纠纷案

羊某某与英国嘉年华邮轮有限公司海上、通海水域人身损害责任纠纷案

二 外文文献

（一）专著类

落合誠一：《運送責任の基礎理論》，弘文堂 1979 年版。

落合誠一：《運送法の課題と展開》，弘文堂 1994 年版。

米倉明：《民法講義 総則（1）私権，自然人，物》，有斐閣 1984 年版。

松坂佐一：《履行補助者の研究：履行補助者の過失に因る債務者の責任》，岩波書店 1939 年版。

森田宏樹：《契約責任の帰責構造》，有斐閣 2002 年版。

CMI, YEARBOOK 2001.

FLEMING J. G., *The Law of Torts* (9th ed.), Sydney: LBC Information Services, 1998.

GARNER B. A., *Black's Law Dictionary* (9th ed.), St. Paul, MN: Thomson Reuters, 2009.

Larenz, *Allgemeiner Schuldrecht* (4. Auflage), 1987.

Larenz, *Lehrbuch des Schuldrechts, AllgemeinerTeil* (14. Auflage), 1987.

REYNOLDS F. M. B., *Bowstead and Reynolds on Agency* (18th ed.), London: Sweet & Maxwell Limited, 2006.

SPIER J, *Unification of Tort Law: Liability for Damage Caused by Others*, Leiden: K. luwer Law International, 2003.

Schwab/Lhnig, *Einfürung in das Zivilrecht* (18. Auflage), C. F. Müller 2006.

Thomas Gilbert Carver, *A Treatise on the Law Relating to the Carriage of Goods by Sea* (7th ed.), Gale: Making of Modern Law, 2010.

Thomas, D. Rhidian, *The Carriage of Goods by Sea Under the Rotterdam Rules*, Lloyd's List, 2010.

Thomas, D. Rhidian, *Journal of International Maritime Law* (JIML 14, 2008), Lawtext publishing Limited, 2008.

(二) 外文论文类

［日］亀岡倫史:"免責条項等の履行補助者保護効－履行補助者の自己責任に関する一考察 ドイツ法を手がかりに－（三完）",《島大法学》40 卷 4 号 1996 年。

［日］森田宏樹:"わが国における履行补助者责任论の批判的检讨", 载［日］森田宏樹《契約責任の帰責構造》, 有斐閣 2002 年版。

［日］森田宏樹:"「他人の行為による契約責任」の帰責構造", 载［日］森田宏樹《契約責任の帰責構造》, 有斐閣 2002 年版。

［日］山崎賢一:"履行補助人の過失と債務者の責任について", 载［日］加藤一郎、米倉明:《民法を争うⅡ》, 有斐閣 1985 年版。

［日］藤田友敬:"新しい国連国際海上物品運送に関する条約案について", ソフトロー研究 13 号 2009 年版。

Anthony Diamond QC, The Rotterdam Rule, *Lloyd's Maritime and Commercial Law Quarterly* (2009).

Alexandra Parker, The Rotterdam Rule: A Step Backwards For Australian Shippers, *Logistics Association of Australia Ltd* (2009).

Berlingieri, Francesco, PhilippeDelebecque, "The Rotterdam Rules an Attempt to Clarify Certain Concerns that Have Emerged", *Lloyd's Maritime and Commercial Law Quarterly*, 5 August (2009).

Baatz Y, *The Rotterdam Rules – A Prtactical Annotation*, Informal Law, London (2009).

Chester D. Hooper, "*Forum Selection and Arbitration in the Draft Convention on Contracts for the International Carriage of Goods Wholly or Partly By Sea, Or the Definition of ForaConveniens Set Forth in the Rotterdam Rules*", Tex. Int'l L. J, No. 44 (2009).

Fleur Johns, "*Performing Party Autonomy*", 71 – SUM Law & Contemp. Probs (2008).

Geissler, "*Vertages – und Gesetzesprivilegien" mit Wirkung fürErfüllungsgehilfen – Zur Problematik von Haftungsbeschr nkungen und Verj hrungsbestimmungen mit Wirkungfür Dritte* (1983).

John S. Mo, *Determination of performing party's liability under the Rotterdam Rules*, Asia Pacific las Review, *Vol.* 18, *No.* 2 (2010).

Jan Hinnerk Ilse, "*Haftung des seeguterbeforderers und Durchbreehung von Aftungsbeschrankun gen bei qualifiziertem eigenem und Gehilfenverschulden*", Dissertation von Hamburg Univesitaet (2005).

Kerim Atamer, "*Construction Problems in the Rotterdam Rules Regarding the Performing and Maritime Performing Parties*", J. Mar. L. & Com, *No.* 41 (2010).

Liu Nan, "*The Definition of Performing Assistant for International Maritime Carrier*", The Proceedings of 2nd World Congress *of Ocean* (2013).

Michael F. Sturley, "*the United Nations Commission on International Trade Law's Transport Law Project: an Interim View of a Work In Progress*", Tex. Int'l L. J, *No.* 39 (2003).

Sturley, "*The History of COGSA and the Hague Rules*", J. Mar. L. & Com, *No.* 22 (1991).

Tomotaka Fujita, "*The Comprehensive Coverage of the New Convention: Performing Parties and the Multimodal Implications*", Tex. Int'l L. J, *No.* 44 (2009).

（三）案例类

ArbG Plauen 4. 11. 1936, ARS 29, 62.

Case 2004. 2. 13, Docket No. 2001da75318, (2004) Korean R. 460.

Herd & Co. v. Krawill Machinery Corp. 1959 AMC 879 (1959).

Midland Silicones v. Scruttons [1961] 2 Lloyd's Rep. 365.

National Federation of Coffee Growers of Colombia v. Isbrandtsen Co. 1957 AMC1571.

N. Y. Supr. Ct. 1957.

RGZ127, 218.

The Eurymedon [1974] 1 Lloyd's Rep. 534.

The New York star [1980] 2 Lloyd's Rep. 317.

[1927] 27 Lloyd's Rep. 334.

1953 *AMC* 1304.

1970 *AMC* 617.

1979 *AMC* 801, 812.

三 学位论文

蒋雅琴：《附保护第三人作用的契约之研究》，硕士学位论文，中国政法大学，2006年。

刘雨佳：《海上货物运输中的履约方的法律地位及责任制度》，硕士学位论文，上海海事大学，2007年。

娄天骄：《关于喜马拉雅条款及其效力问题研究》，硕士学位论文，大连海事大学，2009年。

卢杰：《实际承运人的概念、权利义务及责任研究》，硕士学位论文，上海海事大学，2006年。

孙羽：《雇主责任问题研究》，硕士学位论文，大连理工大学，2013年。

王威：《〈鹿特丹规则〉下海运履约方法律制度研究》，博士学位论文，大连海事大学，2011年。

王堉苓：《〈鹿特丹规则〉之新立法评析台湾〈海商法〉未来修法之方向》，博士学位论文，大连海事大学，2011年。

邬海莹：《〈鹿特丹规则〉中海运履约方制度研究》，硕士学位论文，南昌大学，2012年。

徐赟琪：《台湾地区海运履行辅助人法律地位研究》，硕士学位论文，华东政法大学，2014年。

杨娣：《港口经营人单位责任限制权利问题研究》，硕士学位论文，大连海事大学，2014年。

郑溶：《中德法律关于海运承运人为其履行辅助人承担责任规定的比较研究》，硕士学位论文，上海海事大学，2007年。

郑志军：《国际海运承运人之履行辅助人责任问题研究》，博士学位论文，华东政法大学，2011年。

四　电子文献

关正义：《物权法视野下的海商法留置权问题（一）》，新浪网：http://blog.sina.com.cn/s/blog_ 4d829e410100jpwj.html。最后访问日期：2010 年 6 月 26 日。

蓝天：《最高院：海事海商审判裁判规则 6 条》，海商法咨讯：http://mp.weixin.qq.com/s?__biz=MjM5ODI2NzI5Ng==&mid=402155552&idx=1&sn=34d28ce33b98e913cd36a4cce5a45891&scene=23&srcid=0327JZlR9OM7x0qGGubUcJB9#rd。最后访问日期：2016 年 3 月 23 日。

《（日本）振兴船舶株式会社诉中远集装箱运输有限公司、上海奥吉国际货运有限公司海上货物运输合同损害赔偿案》，中国涉外商事海事审判网：http://www.ccmt.org.cn/shownews.php?id=3936。最后访问日期：2003 年 7 月 11 日。

《司玉琢谈海商法》（《中国航务周刊》2013 年总第 1034 期），凤凰网：http://edu.ifeng.com/gaoxiao/detail_ 2013_ 12/31/32628838_ 0.shtml。最后访问日期：2013 年 12 月 31 日。

王存军：《实际承运人制度研究》，东方涉外律师网：http://www.exlaw.cn/dis.asp?id=1268。最后访问日期：2007 年 8 月 1 日。

赵建高：《目的港无人提货法律责任分析》，海商法咨讯：http://mp.weixin.qq.com/s?__biz=MjM5ODI2NzI5Ng==&mid=402137889&idx=1&sn=ef938909e299af91cf8cd2b880ed0233&scene=23&srcid=0327Yl67aQ8QqMifYUNzrteo#rd。最后访问日期：2016 年 3 月 21 日。

附 录

《海商法》修改建议

序号	《海商法》相关章节及条款	修改建议
1	第42条相关术语的界定部分	增加"国际海运承运人之履行辅助人"的定义，即"在承运人的责任期间内，依承运人的意思而参与国际海上货物运输，履行或者承诺履行承运人在运输合同项下有关货物的接收、装载、操作、积载、运输、保管、照料、卸载和交付义务的人，主要包括从属型履行辅助人和独立型履行辅助人，海上履行辅助人和陆上履行辅助人。"
2	第42条及其他有关"实际承运人"的部分	取消"实际承运人"概念，以"独立型的海上履行辅助人"加以代替，即"依承运人的意思而参与国际海上货物运输，履行或者承诺履行海上货物位移任务的独立型履行辅助人。"
3	第4章第2节	将受承运人委托的港口经营人纳入《海商法》第4章第2节的调整范围，并将其界定为"依承运人的意思而参与国际海上货物运输，在港区范围内履行或者承诺履行与货物运输有关服务的独立型履行辅助人。"
4	第46条	修改为"承运人对运输货物的责任期间，是指从装货港接收货物时起至卸货港交付货物时止，货物处于承运人掌管之下的全部期间。在承运人的责任期间，货物发生灭失、损坏或者迟延交付，除本节另有规定外，承运人应当负赔偿责任。"
5	第51条第1款第（一）项	取消

续表

序号	《海商法》相关章节及条款	修改建议
6	第51条第1款第（二）项	"火灾"免责修改为"船上火灾"免责；将但书修改为"但是由于承运人及国际海运承运人之履行辅助人的过失所造成的除外"。
7	第51条第2款	修改为"承运人及其独立型履行辅助人依照前款规定免除赔偿责任的，除第（二）项规定的原因外，应当负举证责任。"
8	第54条	修改为"货物的灭失、损坏或者迟延交付是由于承运人或者国际海运承运人之履行辅助人的不能免除赔偿责任的原因和其他原因共同造成的，承运人及其独立型履行辅助人仅在其不能免除赔偿责任的范围内负赔偿责任；但是，承运人及其独立型履行辅助人对其他原因造成的灭失、损坏或者迟延交付应当负举证责任。"
9	第58条第2款	修改为"前款诉讼是对承运人的从属型履行辅助人提起的，经承运人的履行辅助人证明，其行为是在受雇或者受委托的范围之内的，适用前款规定。"
10	第60条	修改为"承运人将货物运输或者部分运输委托给国际海运承运人之履行辅助人履行的，履行辅助人的过错应视为承运人本人的过错，对于履行辅助人因过错违反本法对承运人规定义务的行为，承运人应当负赔偿责任。虽有前款规定，在海上运输合同中明确约定合同所包括的特定的部分运输由承运人以外的指定的独立型履行辅助人履行的，合同可以同时约定，货物在指定的独立型履行辅助人掌管期间发生的灭失、损坏或者迟延交付，承运人不负赔偿责任。"
11	第61条	修改为"本法对承运人责任的规定，适用于独立型履行辅助人对其所履行运输合同义务的责任。"
12	第61条之后	增加有关独立型履行辅助人责任期间和担责条件的条款，"如果造成货物灭失、损害或迟延交付的事件发生在以下期间内，独立型履行辅助人将承担赔偿责任：1. 从装货港接收货物时起至卸货港交付货物时止的期间内；2. 货物在独立型履行辅助人掌管期间内。"

续表

序号	《海商法》相关章节及条款	修改建议
13	第63条	修改为"承运人与独立型履行辅助人都负有赔偿责任的,应当在此项责任范围内负连带责任。"